守望者
The Catcher

阅读　你的生活

苏格拉底的法庭

的

章雪富 著

中国人民大学出版社
·北京·

目　录

引　子

　　这本小书叙说古希腊哲学先知苏格拉底的思想故事。

　　这是一个有关思想的故事。思想是思想家的命运，思想也是每个时代的命运，思想之于思想家而言是生命的全部，思想之于时代而言却是经常被漠视的本质。古代思想家的命运诚然首先是与其时代相关的，但也与今天的时代相关，还将继续与未来的时代相关，任何指向真理的思想都与终末的部分相关，也就与人类和个体存留毁灭始终相关。苏格拉底就是这样一位与人类及个体命运始终相关的思想家，他是古代的思想家，也是持续影响了人类文明两千多年的"现代"思想家，可以想见，他还是将持续影响人类更长时间的"未来"思想家。

　　苏格拉底我们都有所耳闻，但是少有人包括学者们会称苏格拉底为先知。然而苏格拉底确实是一位先知，是一位古希腊的哲学先知，也是人类文明史的一位思想先知。先知是这样的人，他们说出的思想总早于他们的时代，因此同时代的人无法听懂他的声音。先知们是早过其时代的思想家和呼喊者，先知们来到他的时代时，他的时代还没有准备好要接待他，也没有准备好要接受他口中所传递的真理呼声。苏格拉底也是如此，他出现得过早，以至于他那个时代的雅典人无法接受他。最后，雅典人判处他死刑。

"先知"这个词最频繁地出现在希伯来传统中。以色列民族多患难，希伯来文明多先知。希伯来先知代表上帝向以色列人讲话，但不要以为先知是什么风光体面的职业。相反，在希伯来传统中，先知是高危风险的职业。先知们遭受的通常是被逐、被囚、被打和被杀的命运。以利亚是希伯来传统中非常有名的先知，他曾祈求上帝降下烈火又降下大雨，却被当时以色列国王亚哈追杀，一生颠沛流离。在他穷途末路之时，他就曾向上帝发声说："我为耶和华万军之神大发热心。因为以色列人背弃了你的约，毁灭了你的坛，用刀杀了你的先知，只剩下我一个人，他们还要寻索我的命。"（《列王纪》上 19：14）以利亚同时代的其他先知，都为亚哈所杀，因为这些希伯来先知经常要劝谕亚哈这位君王，让他离开偶像崇拜而敬畏耶和华。先知们不仅不为君王所喜，而且也不被以色列百姓接受，因为他们也要求以色列百姓悔改。可见等待他们的，通常都不是很好的结果。

希伯来先知的命运也是绝大多数不同文明传统中先知的命运。任何文明传统都有它们的先知。先知至少有三个特征：他们都是聆听天道或上帝者，也是天道或上帝的传言者；他们不是建构社会未来的人，他们主要是社会和时代的批评者；他们很少会提出建构未来的蓝图，但他们会批评他们的时代背离了神圣之道。

如果以此为粗略标准，大致可以说老子是中华文明的先知，而能够被称作古希腊哲学先知的，恐怕只有赫拉克利特和苏格拉底。

这本小书要讲述的是古希腊文明的哲学先知苏格拉底。古希腊是西方文明的源流，苏格拉底也就是整个西方思想的哲学先知。苏格拉底是神谕的聆听者，也是传言者。凡为先知，所传的都不是他们自己的所思所想，他们都只是神的代言者。先知们的结果一般都不好，在我们世人看来，苏格拉底的结局也不好，他被雅典法庭判处死刑，死于公元前 399 年。

柏拉图是苏格拉底最伟大的学生，他用四篇对话《欧悌甫戎篇》、《申辩篇》、《格黎东篇》和《裴洞篇》构成有关苏格拉底人生最后时刻的描述。这四篇对话通常又被称为柏拉图的"新悲剧"。柏拉图原立志成为戏剧作家，但在遇见苏格拉底后，他放弃了戏剧作家的志向而成为一名哲学家。这世界虽然少了一位伟大的古希腊悲剧作家，但是哲学家柏拉图仍然为我们留下了由四幕对话构成的伟大的悲剧作品。这四幕剧的主角就是他的老师苏格拉底，《欧悌甫戎篇》、《申辩篇》、《格黎东篇》和《裴洞篇》分别刻画了四个场景下的苏格拉底形象："法庭前"、"法庭上"、"系狱"和"天鹅的绝唱"。《欧悌甫戎篇》是苏格拉底在法庭前与欧悌甫戎有关虔诚的对话，《申辩篇》是苏格拉底在法庭上有关神谕的申辩，《格黎东篇》是苏格拉底在狱中与格黎东有关"正义"的讨论，《裴洞篇》是苏格拉底在饮毒酒服刑前与朋友们有关"灵魂不朽"的论证。这本小书围绕这四篇对话，糅合柏拉图和其他的古希腊哲学作品，展开有关苏格拉底生死的思想诠释。这本小书也以这四篇对话为轴心，把其他相关于苏格拉底的哲学作品织锦其中，展示苏格拉底的生平事迹和他有关古希腊城邦乃至于人类的一般生活状态的思考。

苏格拉底，这位在死亡面前坦然自若的哲学先知其实没有真正地远去，更没有湮没在历史的烟尘之中。他仍然恍若站在雅典的法庭之上，仍然恍若在诘问世代读者有关生死和真理的领悟，继续引导着人们思考生活、美德和存在的意义。

那么说，虔诚就是神灵跟人做买卖的艺术啰？

—— 柏拉图《欧悌甫戎篇》14e

这百姓亲近我，用嘴唇尊敬我，心却远离我。

——《以赛亚书》29：13

人生是一场向神的旅行

公元前 399 年的某天，苏格拉底来到雅典法庭。在《欧悌甫戎篇》中，柏拉图如此叙述道。然而苏格拉底到得太早了些，法庭还没有开门。苏格拉底就在法庭前面踱步沉思。他正在等待一场审判，等待雅典人对他的审判。有三位雅典公民以两项罪名指控他。这三位雅典人是梅雷多、安虞多和吕贡，梅雷多是悲剧和歌曲作家，安虞多是制革匠，吕贡是演说家。他们指控苏格拉底的两项罪名是亵渎神灵和败坏青年。这显然已经不是平常的民事诉讼案，这三位雅典人控告苏格拉底败坏雅典城邦的国运。这是生死大案。

1　被告席上的哲学先知

雅典人熟悉苏格拉底。然而有时候，熟悉是很要命的一种共在关系，因为熟悉可以要了某个人的命，因为熟悉通常让人失去了警醒，那个熟悉你的人会成为致命之人。黑格尔说得很有道理：熟知非真知。熟悉经常遮盖真理的光芒，使真理如同平庸的噪音，噪音则取代真理成为主宰，置真理于仇敌的位置。只要我们稍微真诚地面向人类文明史，历代的读者都会有这样的痛感：真理以及为真理呼喊的先知经常被置于人类法庭的被告席上。

古希腊神话曾以一种含泪的微笑叙说过人类文明这种残酷又吊诡的游戏。荷马史诗记载了一个悲剧故事，它是关于特洛伊的美丽公主卡珊德拉的事迹，卡珊德拉是古希腊神灵阿波罗神的祭司。卡珊德拉的故事是特洛伊战争的一个插曲，却是特洛伊错过救赎的致命插曲。特洛伊战争缘起于特洛伊王子帕里斯诱拐斯巴达城邦的王妃海伦，在海伦到达的那刻起，同为特洛伊王室后裔的卡珊德拉就预言海伦将为特洛伊带来灭国之难，然而没有特洛伊人接受卡珊德拉的先知之声。希腊人在围攻特洛伊十年不下时，施展木马计，佯装撤退，卡珊德拉也曾在特洛伊城墙撕心裂肺地呼喊，告诫特洛伊人不要搬木马进城，然而仍然没有特洛伊人听而信之。特洛伊最后的结局，世人皆知。先知总是早于事情结局而说出真理，但是芸芸众生却经常嘲笑先知们口中的真理。特洛伊人接受帕里斯和海伦的欲望之语，却把先知口中的恩言视为仇敌。有多少世人愿意在结局到来之前接受真实的冷酷，他们总是喜欢用自欺装点生命的骗局，最后他们死于他们为自己设下的骗局。荷马史诗说出了生活的本相：真理单纯得就是真实的面相，然而每个人都生活在自欺和欢娱的当下。

在公元前399年的这一天，苏格拉底代替了卡珊德拉，雅典人代替了特洛伊人，然而骗局仍然有效。希腊人并不比特洛伊人高明多少，其实在真理问题上，谁都不见得比谁更加具有判断力，这不是由于真理有多复杂，而在于人的欲望如同迷宫。人的所谓智慧其实不外乎就是在人事、权力、财富上的谋算，而这常使他们看不见真理，因此，赫拉克利特说孩子比大人更加能够拥有真理。赫拉克利特就曾申斥他的城邦说："如果爱菲索的成年人都统统上吊，把他们的城邦丢给吃奶的孩子去管，那就对了。"① 孩子在智力上当然逊色于成年人，但是不被心狱囚禁的孩子却更容易看见真理。在那个时代，雅典人也被称为全希腊最有智慧的人，然而智慧的雅典人却是愚昧的，因为他们只拥有一些所谓知识，他们的心总是因着利益扭曲着真理的光辉。当苏格拉底出现在雅典法庭上时，就如卡珊德拉出现在特洛伊的城墙上。特洛伊人听不进卡珊德拉的恩言，同样雅典人听不进真理及哲学先知苏格拉底的声音。特洛伊人没有想过要杀死卡珊德拉，他们只是嘲笑她、讽刺她，但是雅典人要将他们的先知苏格拉底置于死地。人类文明的悲剧大抵都是如此吧，

---

① D121，见北京大学哲学系外国哲学史教研室编译：《西方哲学原著选读》上卷，商务印书馆，1981，第27页。

就如耶稣荣入耶路撒冷，最终在耶路撒冷被钉十字架一样。"耶路撒冷啊，耶路撒冷啊！你常杀害先知，又用石头打死那奉差遣到你这里来的人。"（《马太福音》23：37）只不过，在苏格拉底的故事里，雅典就是杀害先知的耶路撒冷，雅典法庭就是无视卡珊德拉的特洛伊城墙。

雅典人熟悉苏格拉底，然而"熟知非真知"，"熟悉"使得他们心性昏昧。他们中的大多数人并不清楚他们所熟悉的不过是那些附会在苏格拉底身上的故事。他们中的许多人看过阿里斯托芬的喜剧《云》里面的苏格拉底。阿里斯托芬是苏格拉底的朋友，但喜剧作家经常在诙谐中包含着扭曲，喜剧通常总是用十分的荒谬表现一分的真理，那个被阿里斯托芬调侃的苏格拉底被塑造为真理的敌对者。阿里斯托芬称苏格拉底为雅典的"智者"，这位智者苏格拉底自称能够腾云驾雾而口吐无稽狂言。（《申辩篇》19c）① 戏剧还传言苏格拉底教人以索取钱财。（《申辩篇》19e）这部戏剧曾经在公元前423年上演，影响了许多人，也使许多人"自以为熟悉"了苏格拉底。不少这部戏剧的观众，一定一边对着舞台上的苏格拉底嘲弄有加，另一边也一定心生恨意。

这当然还不是雅典人"熟悉"苏格拉底的最重要渠道，毕竟雅典人自视甚高，他们认为自己是有理性的。荷马教化希腊，雅典是希腊城邦中最有智慧的。这里的人民自诩拥有卓越的分辨能力，他们不会承认他们因着自己的愚昧就定了苏格拉底的罪，他们是"理性

---

① 本书引用的《申辩篇》均出自如下译本：《柏拉图对话集》，王太庆译，商务印书馆，2004。

地"定了苏格拉底的罪的。他们从自己的角度判断苏格拉底，因为他们所熟悉的苏格拉底就像一只牛虻，而苏格拉底称雅典是一匹肥马，他自己成天周游于雅典城邦，就如牛虻附在马身上，激发、催促和责备雅典城邦的每个人，要把梦中的雅典人唤醒，就如卡珊德拉要唤醒欢庆胜利却笼罩在死亡阴影下的特洛伊人，就如耶稣要唤醒自以为是却背离上帝的以色列人，但是，又有几人能够从这棒喝中顿悟，又有几人能够真的接受真理的真实性，雅典人由痛恨到厌烦，现在他们终于有了消灭这只让他们心烦意乱的"牛虻"——苏格拉底的良好机会。

2 哲学的勇气与黑暗的距离

熟知非真知。

熟知经常包含着自欺。自欺的人自以为拥有真相，然而自欺实在不过是为了让自己可以心安理得地苟活下去的技艺。

苏格拉底出身于一个贫寒的家庭，他一生过着贫寒的生活。他是雕刻匠苏甫若尼斯各和助产婆裴娜瑞德的儿子。他在为自己申辩的时候，自称"我这个人，一辈子忙忙碌碌，无意于多数人所关注的事情，不图钱财，不治生业，不当将帅，不求闻达，城邦里喧腾的种种热门活动，诸如宦海浮沉，钩心斗角，党同伐异等等，一概不闻不问"（《申辩篇》36c）。俗话说，富贵险中求。苏格拉底不图钱财、不求闻达，其家境是可想而知的。

还有一事也可以说明苏格拉底的经济拮据：在法庭辩护中，他自称没有钱财可支付法庭的罚金。雅典法庭的审判程序分为三轮。第一轮是原告和被告的对辩，由 501 人的雅典陪审团做出有罪和无罪判决。如果雅典法庭做出有罪判决，那就进入第二轮，被告可以再次发表辩护，还可以自提处罚方式，也可以由原告提出处罚方式。然后由雅典陪审团讨论判决，决定具体刑罚。如果量刑已定，那就进入第三轮，雅典法庭允许被告发表庭审的最后演说。在第二轮辩护时，苏格拉底这样谈到他自己："如果我有钱，我会建议缴纳我力所能及的罚锾；因为这不会对我造成损害。可是事实上我没钱，除非你们愿意把数量定在我缴纳得出来的范围内。我也许可以缴纳一两银子。所以我建议罚这么多。"（《申辩篇》38b）苏格拉底称他只能出一两银子，固然可以看成是苏格拉底对于法庭的调侃，当时的雅典法庭就是这样看的，因此不少法庭陪审员们被苏格拉底激怒，以至于法庭最终判苏格拉底死刑。但是这确实是苏格拉底的实际经济状况，他所过的正是如此这般的清贫的生活，因为在苏格拉底死的时候，他的老朋友格黎东就问过苏格拉底应该如何安排他子孙的事情（《裴洞篇》115a）[1]，这些都能够说明苏格拉底家业的困难，他经常挂在嘴上的两句话是，"银器和紫袍有什么用处？它适用于当道具，无益于人生"[2]。

然而贫穷的苏格拉底是雅典伟大的战士，深为战友们爱戴。他的爱慕者阿尔基弼亚德曾经热烈地颂赞苏格拉底，苏格拉底曾经在

---

[1]　本书引用的《裴洞篇》均出自如下译本：《柏拉图对话集》，王太庆译，商务印书馆，2004。

[2]　《柏拉图对话集》，第 602 页。

一场战争中救过阿尔基弥亚德，还把功劳让给了他。公元前 424 年，雅典城邦与忒拜城邦发生了一场战争。在这场战争中，阿尔基弥亚德再次见证了苏格拉底临危不惧的气概。在公元前 422 年德利恩战役中，雅典败退。雅典军队溃散四逃，苏格拉底直到队伍完全被打散后才撤退。他的战友拉刻受伤，然而重装步兵战士苏格拉底镇定自若，无所畏惧，撤退时不断地转身回顾，准备反击扑来的敌人。不同于那些如同惊弓之鸟的雅典逃兵，苏格拉底昂首阔步，瞪着两眼，环视敌人。如果有人敢碰他和拉刻，必定遭到重重回报。就这样，苏格拉底搀扶着他受伤的战友安然撤离了战场。（《会饮篇》221a－c）① 在城邦需要他出战的时候，苏格拉底无畏无惧，他也是士兵中最能吃苦耐劳的一员。他会整夜坚守岗位。在雅典出兵波德代亚的时候（公元前 432—前 430 年），虽然天寒地冻，苏格拉底却毫不在乎。有一回霜冻实在太过严寒，别人要么在帐篷里面躲寒，要么在值勤时裹着毡子和毛皮，苏格拉底却穿着平常的衣服，光着脚和别人穿着鞋一样在冰上走来走去（《会饮篇》220a－b），令战友们惊叹不已。

这就是苏格拉底。在任何时候，他都是如此与众不同。生活的贫贱不能掩盖其伟大的光芒。在战场上杀敌时，虽然他只是一个普通的战士，却令其他士兵敬畏，因为苏格拉底根本就不把他们放在眼里。他不会畏惧任何情况，就如特洛伊战争的希腊英雄艾雅不为钢铁所伤，因为他手持七层牛皮所做的盾牌，苏格拉底也是如此，

---

① 本书引用的《会饮篇》均出自如下译本：《柏拉图对话集》，王太庆译，商务印书馆，2004。

以至于伟大的古希腊喜剧作家阿里斯托芬这样称赞他，"公正地寻求智慧的人啊，你将在雅典人、希腊人中间多么幸福。你有记忆，你在回忆，你有一个坚忍的性格，你站得稳，走得公，你不会冻僵，不爱佳肴，你不饮酒，不赴宴，不干任何蠢事"①。有些人的灵魂就是如此坚忍，以至于他身上没有黑暗可以附着的地方。因为黑暗总是借助人的放纵，才能侵入灵魂的内层，但是有着七层牛皮所做的苏格拉底的灵魂的盾牌，能将黑暗的腐蚀力量阻挡在生命的外部。他在大家都需要忍饥挨饿的时候，显得比谁都更能忍饥挨饿；他在供应充足需要吃喝时更懂得吃喝；他平时不大喝酒，但在硬要他喝的时候他却比谁都喝得多。（《会饮篇》219e－220a）这是一种极为神奇的自制能力，自制是灵魂里面不可思议的力量。有着自制精神的灵魂能克服怯懦并赋予人勇气，一个有着自制精神的人，能在匮乏时显得富足，在富足时却生活有度。苏格拉底身上就有这样的奇特光辉。这种光辉让他的朋友们追随至死，也让他的敌人欲置之于死地而后快。他所惧怕的是不能成为人，但是大多数人所热衷的是把自己装扮成一个人。

> 你趾高气扬，眼睛长在额上，满不在乎地光着双脚，瞪着我们。

这仍然是出自阿里斯托芬的诗句。他的敌人们却是要将苏格拉底置于死地，他们在苏格拉底面前深感受了蔑视。苏格拉底缘何得罪了梅雷多、安虞多和吕贡？想必一定是苏格拉底这只牛虻，在叮

---

① 《柏拉图对话集》，第 603 页。

咬雅典这匹肥马时，也咬痛了这三位控告者。苏格拉底曾把安虞多看成最愚蠢的雅典人之一，因为不堪苏格拉底的嘲弄，安虞多曾挑拨阿里斯托芬等一干人攻击苏格拉底。在为自己申辩时，苏格拉底对这三个人不屑一顾，他说他根本记不起他在何时得罪过这三个人，"现在从他们那里来了梅雷多、安虞多和吕贡三个人向我进攻"（《申辩篇》23e）。但苏格拉底的学生柏拉图清楚地记载下了苏格拉底是如何得罪安虞多的。苏格拉底四处找人讨论美德，讨论什么样的人才算有智慧，什么样的人才适合治国。讨论时，他根本无视讨论对象被诘问时的感受，他眼中只有真理。真理的光芒总是会灼伤以真理面具伪饰自己的人。安虞多就曾被苏格拉底灼伤，柏拉图记下了安虞多恶狠狠的阴险之语："苏格拉底啊，我觉得你这个人很容易说别人坏。我劝你慎重一点，希望你听我这句话。因为在任何地方都是把别人当坏人容易，拿别人当好人不那么容易，在这座城邦里尤其如此。我想你是知道的。"（《枚农篇》94e）① 这话明明显现着死亡威胁的锋芒，直白地说就是，"苏格拉底，你给我小心些"。现在，苏格拉底就被这三人控告在死亡的刑罚里面，然而他视这险境宛然无物。

　　当我们阅读柏拉图有关苏格拉底的这些对话时，常常会心里直冒寒气。如果人们还没有准备为真理付出代价，当小心阴险之人的深渊，他们的心漆黑没有光芒，他们要吞噬一切光芒。人们啊，如果你们还没有意识到黑暗那不可测度的虚无，就要在坚守真理之路

---

　　① 本书引用的《枚农篇》均出自如下译本：《柏拉图对话集》，王太庆译，商务印书馆，2004。

时格外小心恶者的目光，他们的目光里面全是阴毒和死亡。

雅典人是熟悉苏格拉底的，然而他们并不接受苏格拉底。他们不愿意接受苏格拉底式的嘲讽，就如我们不能够接受叮咬我们的牛虻。苏格拉底的每次辩论都会激烈异常，引发辩输者的愤怒，而愤怒又让人的报复具有天然的合理性，杀机经常借着愤怒充当理性的主宰。情绪总自以为是，伟大常长存在黑暗之中。自以为熟知苏格拉底的雅典人，他们对真理如此陌生，人们的情绪常常娴熟地使用并支配他们自己的灵魂，一个伟大的公民却成了城邦的死敌。在多数情况下，苏格拉底常常被人报以老拳，有人扯他的头发，有人报以白眼和嘲笑，这次雅典人决定报之以死亡。

然而用死亡威胁苏格拉底，却是件无比可笑的事情。一个不畏惧死亡的人，如何可能用死亡来威胁？死亡在苏格拉底并不是黑暗，死亡的反面也不是黑暗，黑暗的相应面也不是死亡，黑暗的对面是真理，死亡的反面是永生。在真理里面的死亡没有黑暗，在真理里面的死亡甚至会闪出灼人的光芒，在真理里面的死亡能够得永生。人类的文明就是明证，死亡从来都不能减弱真理的光芒。更多时候，死亡把人世的罪性及其隐藏的黑暗更清楚地显明了出来。

3　灵魂的米诺斯迷宫

苏格拉底等待着雅典法庭开庭。远处有人影渐走渐近，原来是欧悌甫戎，苏格拉底的老熟人。当看清法庭前的人是苏格拉底时，欧悌甫戎不禁惊呼起来，"这是出了什么新鲜事？苏格拉底啊你怎么跑到法庭门口？你不跑到吕克昂去与人们讨论学术问题，居然跑到这里来。你该不会是打官司的吧？你断不会控告别人，那你一定是被人控告的。又是谁控告你呢？"（《欧悌甫戎篇》2a）①

也难怪欧悌甫戎惊讶。欧悌甫戎是了解苏格拉底的，苏格拉底怎么可能会控告别人呢？他自己就是雅典的法庭，他甚至还是人类文明的法庭，他始终在真理的无形法庭上不断地与人谈论真理。苏格拉底的法庭不是世俗社会的诉讼法庭，他断不会在世俗的有形法庭上与人争论。他的法庭是灵魂诉讼的法庭，要把人的灵魂诉讼至真理的无形法庭。既然苏格拉底在雅典法庭等候，那他一定是被人控告的。又有谁会诉讼苏格拉底呢？苏格拉底告诉欧悌甫戎，控告他的其中一个人是梅雷多，长着几根稀稀的胡子和一个鹰钩鼻，指控他的一项罪名是亵渎神灵。

或许对今天的人们而言，控告人亵渎神灵是荒唐之事。然而古代文化是有神论文化，任何文化都有它所敬拜的神灵，何况古人通常还笃信他们的始祖都与某个神灵有关。例如柏拉图的家世出自古希腊七贤梭伦，根据特拉须洛的说法，梭伦又是海洋之神波塞冬的后裔。苏格拉底经常说有一个神灵在向他说话，苏格拉底的敌人就抓住这话不放，称苏格拉底制造了一个新的神灵，指控他不信雅典原有的神灵。这一类坏话最容易俘虏人心，普罗大众自然信其有而攻击苏格拉底，控告苏格拉底变更宗教信仰，而这是古代社会和文

---

① 本书引用的《欧悌甫戎篇》均出自如下译本：《柏拉图对话集》，王太庆译，商务印书馆，2004。这里的引文略做了修改。

化的重大罪名。

雅典人是熟悉苏格拉底心中的"神谕"的。所谓"熟悉",是指他们多少听说过这回事。当然啦,他们中的一些人会视为笑谈,一些人会不解和困惑,还有一些人则会愤怒,剩下一部分人也并不是真的对神灵有什么敬虔的情感,但是他们会存心把它当作指控苏格拉底的话柄。至于苏格拉底本人,他是非常认真地对待他心中的神谕的,这神谕督促他不断研究哲学并且考查别人。关于这心中的神谕,苏格拉底的这番话值得全盘抄录,因为它是苏格拉底生命的基石,是苏格拉底为之生也为之死的志业。这命令如同他屡次为国征战一样,生死不辞。"雅典公民们,因为我曾经在你们选派来指挥我的将军麾下,在波底代阿和安丕波利,以及德利雍,都和别人一样坚守阵地,冒着死亡的危险不退;现在神灵给了我一个岗位,这是我深信而且理解的,他命令我终生研究哲学,考查自己并且考查别人,如果我由于怕死,或者由于其他顾虑,擅自离开了职守,那就坏了。"(《申辩篇》28e - 29a)苏格拉底把哲学的事业与卫国战场并提,战场上守卫的是有形的疆土,哲学的事业却守卫灵魂的疆土。

雅典人也熟悉苏格拉底聆听神谕的情状。柏拉图至少有两次描写过苏格拉底聆听神谕的情景。这两次都记载在《会饮篇》中,第一次发生在军队里面。在波德代亚战役中,苏格拉底有一次遇到一个问题,就站在一个地方从清早起开始沉思默想。大概是由于一直没有想出头绪,他就继续站在那里钻研。中午时分,其他士兵发现了此事。人们惊讶莫名,说苏格拉底这个人从清早起一直站在那里思考问题。到了傍晚还是如此。晚饭后有几个伊奥尼亚人，由于是夏天怕热想露天睡觉，他们看到苏格拉底依然站在那里思考。苏格拉底就这样一直站到第二天清早太阳出山，并向太阳祈祷后才走开。(《会饮篇》220c－d) 第二次则记载在《会饮篇》的前面。当时苏格拉底和阿里斯多兑谟去往阿伽通家赴宴，路上苏格拉底心里想着一件事，不觉落在了后面。苏格拉底让阿里斯多兑谟先走，等阿里斯多兑谟到了阿伽通家里，却不见了苏格拉底的影了。阿伽通派仆人去找，见苏格拉底站在隔壁的前院里不肯进门，阿伽通准备去喊苏格拉底，阿里斯多兑谟就说，别喊他，让苏格拉底待着，因为苏格拉底有这样做的习惯，常常到一个地方就不走了，站在那里不动。直到客人们用餐近半时，苏格拉底才施施地进来。阿伽通就拿苏格拉底开玩笑说，"来呀！苏格拉底，请挨着我坐，让我靠近你，可以沾到你在隔壁门楼里发现的智慧。显然你是找到了并且抓住了它，要不你还不会来。"(《会饮篇》175c－d) 可见，苏格拉底站住凝思，聆听内心的神谕，这在他的朋友们都已经是习以为常之事了。他的这种凝思状态，对他而言，就是聆听他内心的声音，如苏格拉底所说，就是聆听神谕。这内心的神谕到底是什么呢？在《申辩篇》中，苏格拉底说，就是研究哲学并考查别人。

这也正是苏格拉底所讲的哲学与我们现在所说的哲学的本质差别了。对我们今天而言，所谓哲学是一门学科，是一门客观知识的探讨，是一种逻辑描述并且最终以一种客观逻辑的方式表达。但苏格拉底或者柏拉图所说的哲学却是智慧，逻辑只是哲学的形式载体而不是其本质。对苏格拉底而言，哲学所讨论的善也是客观的，但善的客观性不在于其逻辑和形式，而在于它是一种生活方式。哲学是用来解决生活和实践事务中所遇见的具体问题的，因为人类世界的种种事务是如此复杂，如米诺斯迷宫一样常把人引入迷途。米诺斯迷宫通常用来表达人类生活的一种精神状态，其中的米诺斯是希腊克里特岛的国王，他因为不敬海神波塞冬，而受到海神波塞冬的惩罚，生下了一个牛首人身的怪兽米诺陶洛斯。米诺陶洛斯只吃人肉，因此米诺斯造了一个迷宫关押他。雅典人因为触犯了米诺斯，并受到宙斯的惩罚，被逼每年送七对童男童女去喂米诺陶洛斯。在第三年的时候，雅典王子忒修斯自愿前往。克里特王米诺斯的女儿爱上了忒修斯，告诉忒修斯走出米诺斯迷宫的方式。她让米诺斯带一个线团，在走进迷宫前先把线团的一头系在入口，另一头系在身上。在击杀了米诺陶洛斯后，忒修斯借此走出了米诺斯迷宫。

然而人心的米诺斯迷宫远远比克里特岛的米诺斯迷宫扑朔迷离。我们生活在这个世界上的每个人，不仅闯进了别人的米诺斯迷宫，还徘徊在自己灵魂的米诺斯迷宫。所谓"人心惟危"，诚哉斯理。在苏格拉底看来，哲学就是要帮助人们走出心的米诺斯迷宫。我们的心就是我们的米诺斯迷宫，人际的复杂性及残酷程度远非表面看上去的那样平稳。如果我们缺乏智慧，就无法找到那走出迷宫之路，因为到处都是欺骗的假门。没有门的生命，就是死亡的生命，因为这样的生命看不见幸福的光芒。现代哲学家维特根斯坦说，"哲学就是引导苍蝇飞出捕蝇瓶的智慧"，哲学帮助苍蝇找到飞出瓶子的出口。苏格拉底所说，哲学是考查人生活方式的智慧。我们人类的世界类同于这捕蝇瓶，我们自己则是捕蝇瓶里的苍蝇。苍蝇要飞出捕蝇瓶是何等艰难，因为苍蝇总是飞往光亮之所，然而各种的瓶壁都折射着光亮，但这种光亮都是瓶壁的光亮，而不是出口的光亮。瓶壁的光亮是虚假的出口，是死亡之光。然而，这世界上又有几人认为自己是捕蝇瓶里的苍蝇呢？又有几人认为自己身在米诺斯迷宫之中呢？

要飞出捕蝇瓶，要走出迷宫，就要聆听神谕！神谕让混乱的心灵重归秩序！其实每个人心中都有神谕，只不过我们都无视内心真正的声音！

这个世界又有几人聆听智慧之语如同神谕呢？要听得进智慧之语，必须得与这个世界保持疏离的态度。越靠近世界的人，就越迷失于内心。更何况，有多少人是主动走入这迷失之中的呢？又有多少人是主动投入这牢笼，并认为这是好得无比的呢？这个世界上还有多少人是只听得见自己说话的声音，或者只听得见与他自己利益有关的声音的呢？又有几个人能够像苏格拉底那样，从世界的忙碌中停住脚步，愿意站着沉思并敬听那由内心而来、由一颗与世界无关的心灵所传递的声音呢？或者用苏格拉底的话说，又有几人会去聆听神谕呢？

4　用智慧叩响灵魂的米诺斯迷宫：虔诚一论

雅典人已经迷失在他们的米诺斯迷宫中了。雅典虽然拥有希腊城邦最好的教育水准，但是赫拉克利特说知识并不使人有智慧。

什么是智慧？

赫拉克利特说，智慧是让灵魂回家的路，"干燥的光辉是最智慧、最高贵的灵魂"①。干燥的灵魂，这诗意的隐喻包含着什么样的谜一般的意思？赫拉克利特说："如果你们不是听了我的话，而是听了我的道，那么，承认'一切是一'就是智慧的。"② 干燥的灵魂与逻各斯相伴，它是清醒的灵魂，"清醒的人们有一个共同的世界，可是在睡梦中人们却离开这个共同的世界，各自走进自己的世界"③。这逻各斯就是道，就是来自真理本体的语言，有逻各斯精神的人，聆听真理之声，而不是听荒谬虚假的语言。在真理里面，灵魂就干燥了，因为这样的灵魂合而为一，智慧就是"万物即一"。然而在这个世界上的人们看来，万物是万物，一是一；每个人是每个人，每个人并不是其他人，因此这世界的常态是冲突、战争和谋杀。要达到智慧之途，要达到万物即一，就必须遵循逻各斯，就是听从理性。"所以，必须遵守这个共同的东西。尽管逻各斯乃是共同的，但许多人却以自己的智虑生活着似的。"④ 当每个人都只生活在自己的思虑中，每个人都以自己的思想为智慧时，这世界就不在真理的途中，因为每个人的思虑都彼此相异、截然有别甚至相互冲突，因此世界在这里就走向了许多另外不同的路，每个灵魂就都在自己的岔路口上。这些在大道面前各怀心思的是潮湿的

---

① D118，见北京大学哲学系外国哲学史教研室编译：《西方哲学原著选读》上卷，第25页。

② D50，见上书，第22－23页。

③ D89，见上书，第25页。

④ 苗力田主编：《古希腊哲学》，中国人民大学出版社，1989，第38页。

灵魂，它们已经在岔路口上，正踏入世界的迷宫，找不到回家的路。迷宫就是引向死门的路，迷宫的门绝大多数是死路。世人所选择的不是理性之路，世人所选择的是意见之路。意见总是千奇百怪，无所依归。正如迷宫只有一道真门，世界也只有一条真理之路。当人们生活在他的意见状态时，世界就是极端的非理性，不再有共同的东西。

智慧就是找到迷宫的真理之门，它是生生相续的生命之门。

苏格拉底要用神谕引导雅典人走出米诺斯迷宫，然而他真的能够达成吗？

苏格拉底举目看向欧悌甫戎。他想与欧悌甫戎探讨神谕，因为欧悌甫戎申明他是最懂得神之本性的人，他也懂得什么是虔诚，而这正是苏格拉底被指控的罪名。况且，欧悌甫戎来到法庭，也正是要以不敬神的名义指控他的父亲，而他认为他这样做正是智慧的表现。他为此无比骄傲，因为没有一个人像他这样敢于站在敬畏神的智慧上起诉自己的父亲。在欧悌甫戎看来，智慧就是做到正义，要做到正义，就是不考虑杀人者是谁，也不考虑被杀者是谁，而只考虑杀人的行为是否正当。欧悌甫戎之所以要控告他父亲杀人，是因为他认为他父亲杀人是不正当的。欧悌甫戎认为他自己最敬神，也最有智慧。

欧悌甫戎父亲杀人案由来如下。欧悌甫戎家在希腊的纳克索有田园，他们为此雇了一个帮工替他们干活。这帮工喝醉了酒，与欧悌甫戎家的奴隶发生了冲突，打死了他家的奴隶。欧悌甫戎的父亲一怒之下，捆起帮工的手脚，把他扔进水沟里。他不知道该如何去处置这帮工，就去雅典求问庙里的僧侣该当如何办理。求问神签路上旅途劳顿，天气又寒，那囚徒饥寒交迫，终于呜呼哀哉。欧悌甫戎认为父亲杀人是不正义的，要用谋杀罪名控告他的父亲。欧悌甫戎的家人表示反对，家人们责备欧悌甫戎，他们认为儿子控告父亲是不虔诚的。自负的欧悌甫戎认为家人们都不懂得什么是虔诚。在他看来，"虔诚就是做我现在所做的这件事，告发那些犯有杀人罪或者盗窃庙产罪的人，不管他是你父亲、母亲，还是什么别的人，不告就是不虔诚"（《欧悌甫戎篇》5e）。为什么呢？因为欧悌甫戎说："大家都相信宙斯是神灵中间最善良、最公正的神王，都承认他由于他的亲生父亲不义地吞食子女而捆绑了父亲；而那位父亲也以类似的理由肢解他自己的父亲。"（《欧悌甫戎篇》6a）宙斯是欧悌甫戎引以为榜样的神灵。宙斯的父亲克洛诺斯，因怕孩子谋反于他，吞食他所生的一切孩子。宙斯出生时获救，他长大后联合其他幸存的弟兄姐妹，推翻了他父亲的统治。既然宙斯是最公正的神，最公正的宙斯都控告他的父亲克洛诺斯，那么现在欧悌甫戎控告他父亲，也就是正义的行为，因为他是在尊敬宙斯。既然他尊敬宙斯，他也就是虔诚的。既然欧悌甫戎是虔诚的，那他就懂得虔诚。

5　用反讽再叩灵魂的米诺斯迷宫：虔诚再论

然而虔诚是否就如欧悌甫戎所说的简单呢？

如果苏格拉底那么容易被说服，那他就不是苏格拉底了。真理或许是明白而简单的，但因为人的灵魂是迷宫，简单明白的真理在人那里也成了扑朔迷离的。虽然苏格拉底并不总是能够说服别人接受他的观点，但是苏格拉底能够轻易拆穿别人的观点，向他们显示他们观点下面所隐藏的虚假，而不是如他们所以为的那样笃定无疑。这就是苏格拉底的对话艺术，通常称之为反讽法。大多数希腊人很不习惯苏格拉底的这种说话方式，经常被苏格拉底激怒。在被激怒的希腊人面前，苏格拉底本人既从不动怒，也毫不畏惧。苏格拉底的妻子格桑底贝的脾气有名的不好，有一次对他大发雷霆，然后浇了他一身水。苏格拉底诙谐地说："我不是早说格桑底贝的雷声会带来大雨吗？"容易被激怒的人，经常不在真理里面，真理虽然不见得就是理性，但真理不会丧失理性。理性可能繁复抽象，但理性一定清晰明白。真理亦是如此！

苏格拉底用反讽法与人说话，这是他的说话艺术，他用这种说话方式向世人指出存在的许多问题。我们总是使用那些变幻不定的语言，并把它们当作真理的确据，苏格拉底只不过忠实地指出了我们说话里面的变幻无常，无常的东西都不能作为真理的定准。因为我们缺乏真理，我们就只有变幻不定。欧悌甫戎在定义虔诚时变幻不定，说明他缺乏对虔诚的真正理解。苏格拉底揶揄欧悌甫戎，称他说话像岱达洛。岱达洛是古希腊神话里面的雕刻圣手，据说他雕刻的石像会走路，其眼睛会说话，苏格拉底年轻时曾是雕刻匠，有时候会自称是岱达洛的子孙。苏格拉底反讽说欧悌甫戎说话没有个定准，飘忽不定，更像岱达洛的子孙。他很奇怪雕刻匠会花很大的力气把石块雕刻得如人一样栩栩如生，却不花气力把自己从石头变成人。人就是这样一种飘忽不定的动物，他的欲念飘忽不定，他的话语也飘忽不定，他对自己没有一个定准，他就如空气里面的轻微的粒子，随时会被周边的存在物改变位置。苏格拉底的反讽法就是要让人明白他们的说话没有定准，因为他们的话语中没有触及真理，没有真理才会没有定准。

为什么这样说呢？在苏格拉底的反讽法的诘问之下，欧悌甫戎不断地改换着他有关虔诚的定义。

前文已经说到，欧悌甫戎认为虔诚就是敬畏神灵，效法神灵，即不管谁做错了事，就应该追溯到底，因为宙斯就是这样的神灵，他曾经因为他的父亲克洛诺斯吞吃子女而推翻并肢解其父。苏格拉底就进一步追问欧悌甫戎：是否相信神与神之间存在战争、仇恨和恶斗？如果诸神之间真的存在这样的事情，那么他们一定是为某些事情持不同意见甚至彼此仇恨。这些事情不外乎是非、贵贱和善恶，因为人显然会因为这些事情存在意见分歧而成为仇敌的，神灵也如此。如果神因为这些事情纷争，就意味着对同样的事情，有的神灵表示厌恶，有的神灵表示喜爱。例如在处罚父亲的事情上，或者说在欧悌甫戎控告他父亲的事情上，会得到宙斯、波塞冬和哈迪斯的喜爱，但会被克洛诺斯和格若诺厌恶，因为克洛诺斯和格若诺是被他们的儿子推翻的神；会得到火神赫派斯多的赞同，而为天后赫拉所厌恶，因为赫派斯多怀恨母亲赫拉曾经遗弃他而造出器械禁锢赫拉。如果其他神灵都有各自所喜和所怒的对象，那么就没有办法确定何谓虔诚、何谓不虔诚。因为同样的事情既有神所喜又有神所恶，如果这样的话，做某位神所喜的就是虔诚的，但由于它是另一位神所恶的，那就又是不虔诚的。这就会推论出如下的结论：同一个人既是虔诚的又不是虔诚的。

在苏格拉底的步步推论下，欧悌甫戎宛若芒刺在身。他不得不更改他对虔诚的定义。

欧悌甫戎重新定义虔诚如下：虔诚就是做所有神灵都喜爱的事情，不虔诚就是做所有神灵都厌恶的事情。（《欧悌甫戎篇》9e）在这个定义中，神灵之间不再具有矛盾，那么人的虔诚就会得到所有神灵的喜爱。欧悌甫戎认为这下子苏格拉底铁定无法反对他的结论了，但苏格拉底不愧是雕刻圣手岱达洛的衣钵传人，他在思想、语词和逻辑之间的腾挪转移的功夫着实令人叹为观止。欧悌甫戎完全没有想到，苏格拉底仍然能看出这个定义的弱点，这就是在虔诚和喜爱的关系之上存在的巨大漏洞。

苏格拉底的推论如下：如果虔诚是所有神灵都喜爱的事情，那么到底是因为这事情是受神喜爱而虔诚，还是由于虔诚而为神所喜爱呢？这就好比一件被扛着的东西，它之所以被扛着，是由于有东西扛着它还是由于其他原因呢？显然一件东西被扛着，是因为有东西扛着它，就如同一件东西被看见，是因为有人看见它。既然如此，一件东西被喜爱，就并不是因为它可爱，而是出于相反的推论：这件东西可爱，是因为它被喜爱。依据欧悌甫戎的观点，如果虔诚是被所有神灵喜爱的，那么虔诚被神灵喜爱是因为虔诚，而不是因为它被喜爱。依此类推，神灵如果喜爱某件事情，那是因为神灵喜爱它而不是由于其他原因。换言之，神灵喜爱的之所以是神灵喜爱的，是因为神灵在喜爱它，是因为这一爱。如果是这样，神灵所喜爱的就不是虔诚，因为神灵喜爱的是爱。如果是这样，那么虔诚也就不是神灵所喜爱的，因为神灵只是喜欢爱而已。(《欧悌甫戎篇》10b) 由此又可以看到，原先在欧悌甫戎中被视为一致的事物，即虔诚和"神灵所喜爱的"是同样的，虔诚就是神灵喜爱的，但是在苏格拉底的推论之下却成了两件事情：神灵喜爱的是爱，神灵喜爱的并不是虔诚。因此，苏格拉底批评欧悌甫戎，他仍然没有指出虔诚的本质。

苏格拉底的反讽法吞吐着犀利的锋芒，硬是从欧悌甫戎认为毫无缝隙的命题中切出巨大的破绽。

6 插曲一：废墟是辩证法与虚无的距离

此刻的欧悌甫戎，一定站在雅典法庭前的风中一脸凌乱。虽然柏拉图没有描述他的表情，我们也无法知道他此刻心中的恼怒，但是那种经常被苏格拉底在思想法庭上考问的痛苦一定是如潮水般席卷而至。苏格拉底却恍若无觉。

思想家只为思想而来，先知苏格拉底只为真理执着。

由前文这个小小的推论也可以略窥苏格拉底反讽法的概要，它是这只雅典牛虻不断考问其他人的利器。现代哲学家克尔恺郭尔称之为反讽法的这种对话方式，苏格拉底的朋友称之为问答法，苏格拉底本人称为辩证法，是苏格拉底认为面向真理的方法。称之为问答法，明显是一种形式性描述。这种方法在形式上是，一个人例如苏格拉底提问，另一个人例如欧悌甫戎回答。显然苏格拉底的提问不是漫谈式的，他有明确的针对性，针对的是被提问者自信为真理的陈述。问答法始终围绕着被提问者的结论，针对其所具有的内涵，展开其推论的可能性，并透过讨论其所发展出来的观点的荒谬性，否定对方的结论。很少有对话者，能够经得起苏格拉底三轮以上的提问。它让对话者看见，在他自以为是的结论中，隐藏着他自己都无法觉察到的虚假。因此苏格拉底的问答法，是一种否定的方法，而不是一种肯定的方法。克尔恺郭尔称之为反讽法，正是基于问答法的这种否定性特征。反讽当然是一种讽刺，讽刺的特点是否定，是通过指出对方观点的不合理性、找出对方观点里面容易被解构的东西，不动声色、四两拨千斤地卸除对方自以为是的观点。苏格拉底自己称这个方法为辩证法，然而这种辩证法不是指向肯定，而是导向否定。因此，苏格拉底的辩证法可以称为"否定的"辩证法，但确实是一种辩证法，是在肯定和否定之间的来回运动。只不过他的辩证法不是以肯定的方式去达到真理，而是以否定的方式显出真理。否定的方式能够达到真理吗？不能！否定的辩证法只能指向真理，而不能阐释真理。这种否定的谈论方式让苏格拉底招致许多论敌，他的辩论对手很不喜欢这种方法，因为永远是苏格拉底在问、别人在答，这样苏格拉底就可以藏拙，而回避正面问答别人的观点，用他的朋友阿里斯托芬的看法，就是把没理的说成有理的。用苏格拉底另外一个更强硬的对手色拉叙马霍斯的话说就是，"赫拉克勒斯作证，你使的是有名的苏格拉底式的反语法。我早就领教过了，也跟这儿的人打过招呼了——人家问你问题，你总是不愿答复；而宁愿使用讥讽或其他藏拙的办法，回避正面回答人家的问题"(《理想国》337a)①。

然而，否定也是一种肯定，它是一种否定的肯定。否定的肯定，在于指出对方观点的"不是"，也就指出了"不是"里面的"是"。

这确实是苏格拉底辩证法的公开的秘密。哲学家苏格拉底用它作为先知的说话方式，雅典人则根本无法接受这种说话方式，因为它使他们的观点永远处在真理的嘲讽之下。对苏格拉底而言，要达到真理，就先得使用否定的方式。否定的方式先是要拆除，拆除人们自以为是的"真理"，因为那些人们自以为是的观点并不是真理，它们妨碍了真理。因此要让那些自以为掌握了真理的人认识到他们其实是站在世界的废墟之地。要达到真理之路，先要意识到自己的非真理状态，看清自己所站的地方。这是苏格拉底毕生的使命，他也并不清楚真理谓何，但是他知道雅典人所持的都不是真理。这正是最奇特之处，一个不清楚真理本体的人，却知道人的非真理状态。这就是苏格拉底的辩证法带给雅典人的礼物。在其辩证法的考问之下，苏格拉底要让雅典人知道真理并不是高耸入云的灯塔，而是坚实的大地。在引导人们寻求真理之前，先必须让他们知道他们只是站在废墟之中。先有拆除，才有真理的呈现；只有解构人们所自以为是的意见，真理之光才能被人看见。

真理是显现在废墟里面的微光。辩证法让人先看见各自的废墟。

---

① 本书引用的《理想国》文本均出自如下译本：柏拉图：《理想国》，郭斌和、张竹明译，商务印书馆，1986。

从柏拉图的对话中，随处可见苏格拉底使用反讽法拆除人们自以为是的真理的辩论。对苏格拉底而言，人们所自以为是的那些观点，只不过是废墟而已，人们却常以它们为真理。但是，辩证法还有另外一面，这就是"不是"里面的"是"，即能够看见废墟的人也能够看见真理，看见废墟是为看见真理做预备。苏格拉底的辩证法是引导人去看见自己废墟的工作，这正是先知的事业。所谓废墟就是人心灵的乏力。先知来到这个世界上，是要让人看见自己灵魂里面的苍白、空洞和脆弱，看见他们面对神灵时自我存在上的虚无。虽然苏格拉底还没有能力告诉雅典人什么是真理，然而他看见雅典人生活在非真理的状态，过着无真理的生活。然而一个还没有得到真理的人如何能够告诉人们他们的生活是非真理的呢？因为他握有通往真理的方法，就是辩证法。这种方法虽然没有足够的能力呈现真理，但是有足够的能力呈现人们自以为是的观点的虚无。虚无是真理的地平线。

在达到真理之前，必先面对虚无；在面对真理之前，必先面对废墟；在真理的声音抵达之前，必须先有旷野的呼唤！

7　插曲二：辩证法是真理性状态 与非真理性状态的距离

且看苏格拉底是如何用辩证法呈现人们所持观点的错谬的。

这里仅以《理想国》第一卷中苏格拉底和色拉叙马霍斯的对辩

为例。《理想国》是柏拉图的中期作品，柏拉图本人的思想占了大部分，然而第一卷仍然有苏格拉底对话的明显风格。有现代学者通过使用词汇用法等研究方式，认为第一卷是柏拉图较早时期的作品，要更靠近苏格拉底本人的思想风格。

《理想国》讨论治国，治国的根本在于正义。一个城邦也好，一个国家也好，如果没有正义作为奠基，就无法持续和长久，因为正义是与所有人相关的德性，它是涉及城邦或者国家内部所有公民的法则，也可以说是事关所有人的德性，其他德性则并非如此。例如，勇敢可能是只与卫士相关的德性，没有人会要求孩子勇敢，也没有人强求一个农民在战场上勇敢。对柏拉图而言，勇敢是作为城邦卫士的职业美德。亚里士多德也说，人们通常会把勇敢授予战场上敢于面对死亡的人们。（《尼各马可伦理学》1129a33）① 慷慨也是，没有人会要求其他人做到慷慨，每个人也不用要求自己对所有人做到慷慨。只有正义，才是所有人对所有人的要求，也是他们对于统治者的要求，还是统治者对于所有人的要求。亚里士多德也说，正义是德性之首，甚至比星辰更让人崇敬。（《尼各马可伦理学》1129b27 - 28）如此而论，正义就关系到所有人，所有人都在正义的德性之下，所有人都必须具备正义的德性。

既然正义德性这个问题兹事体大，苏格拉底就和所有认为掌握了有关正义的正确观点的希腊人进行了一场精彩的对辩。其中，最精彩的场景之一是苏格拉底与色拉叙马霍斯的对辩。色拉叙马霍斯

---

① 本书引用的《尼各马可伦理学》均出自如下译本：亚里士多德：《尼各马可伦理学》，廖申白译，商务印书馆，2003。

是一位智者。智者是以教授修辞学为业的人，他们还自以为能够教导正义，帮助青年人掌握正义，因为希腊的有志青年们都希望致力于国事。修辞学的核心就是说服别人接受正义的技艺，因此智者不仅拥有修辞学的说服艺术，还都自称掌握正义的德性。这也是另外两位更有名的智者高尔吉亚和普罗塔哥拉所宣称的，颇令希腊青年趋之若鹜。色拉叙马霍斯是智者之一，也深信他自己掌握了教授正义的理论和方法，他还出现在柏拉图的其他对话中。他深悉苏格拉底的辩证法，是苏格拉底的强有力对手。但他更相信自己的强大，他深信自己能够击败苏格拉底。当他看到在他之前与苏格拉底辩论的玻勒马霍斯如同纸糊的人那样，被苏格拉底轻而易举地击倒时，色拉叙马霍斯暴跳如雷，要与苏格拉底决一死战。色拉叙马霍斯先是故作谦虚，接着就是电闪雷鸣地袭击苏格拉底。"苏格拉底，你们见了什么鬼，你吹我捧，搅的什么玩意儿？……别胡扯什么正义是一种责任、一种权宜之计、或者利益好处、或者什么报酬利润之类的话。你得直截了当地说，你到底指的是什么。"（《理想国》336c - d）在面对雷声烈火之际，苏格拉底施展出辩证法功夫。我们需要切记，辩证法对苏格拉底而言是一种拆的方法，它还不是减法。减法是要除去加在真理上的装饰，拆的方法只是把虚假的东西显露出来。苏格拉底先是要拆，就是要让色拉叙马霍斯的观点露出其虚无性来，这样才有真理的微光闪耀。而要拆，必须先让对方展现其观点。因此苏格拉底现在要等待色拉叙马霍斯的观点，他要让色拉叙马霍斯说话。自以为拥有正义观点的色拉叙马霍斯，果然毫不畏惧且得意洋洋地宣称他握有真理。

那么，听着！我说正义不是别的，就是强者的利益。——你干吗不拍手叫好？当然你是不愿意的啰！（《理想国》338c）

苏格拉底神色不动，不理会色拉叙马霍斯的冷嘲热讽，但要求他先明确这个定义的更具体内涵。色拉叙马霍斯自信满满，无畏无惧地阐释说，统治各个国家的人，无论是独裁者、平民和贵族，每种统治者都会制定对他们自己有利的法律。平民政府制定民主法律，独裁政府制定独裁法律。他们制定法律是要明确地告诉大家：凡是对政府有利的、对百姓就是正义的；谁不遵守，他就有违法之罪，又有不正义之名。因此色拉叙马霍斯认为，在任何国家里，正义就是当时政府利益观念的体现。政府当然有权，因此唯一合理的结论是，"不管在什么地方，正义就是强者的利益"（《理想国》339a）。换言之，压根儿就不存在所谓普遍正义，不存在对所有人而言的正义。正义只是统治者实现其利益并以其利益化身出来的统治观念，这套统治秩序的核心就是实现强者的利益，强者们把这种能实现其利益的统治秩序称为正义。

现在，苏格拉底的辩证法才露出了一丝冷峻的寒光。

苏格拉底的辩论就是要从对方所没有明确的观念入手，正是这个没有明确的观念蕴藏着色拉叙马霍斯自相矛盾的伏线。苏格拉底告诉色拉叙马霍斯，他同意正义是利益，但是显然色拉叙马霍斯又在正义前面加了"强者"两个词，并且色拉叙马霍斯还说正义是被统治者服从统治者的利益，这就让他对色拉叙马霍斯的观点心存怀疑。因为显然存在一种情况，也是色拉叙马霍斯所同意的，统治者有时候会难免犯点错误。当统治者犯错误的时候，他们所立的法律也就是错的了。当统治者立错了法律的时候，由于被统治者要遵守这个错了的法律，而所谓错了的法律对统治者就是有害的，对被统治者则是有利的。因此，当统治者和被统治者服从错误的法律时，就会造成与色拉叙马霍斯所说的观点相反的结果：正义对于被统治者有利，却对统治者有害。这样的话，正义就不是强者的利益了，而是弱者的利益了。

在《理想国》中，柏拉图继续写道，色拉叙马霍斯回过神来，虽然苏格拉底确实抓住了他的破绽，但他绝不是容易对付之人。他毫不退缩，道出了下面一番宏论，可谓见地不凡。这段话值得全文照录如下：

> 苏格拉底，你真是个诡辩家。医生治病有错误，你是不是正因为他看错了病称他为医生？或如会计师算账有错，你是不是在他算错了账的时候，正因为他算错了账才称他为会计师呢？不是的。这是一种马虎的说法，他们有错误，我们也称他们为医生、某会计师，或某作家。实际上，如果名副其实，他们是都不得有错的。严格讲来——你是喜欢严格的——艺术家也好，手艺人也好，都是不能有错的。须知，知识不够才犯错误。错误到什么程度，他和自己的称号就不相称到什么程度。工匠、贤哲如此，统治者也是这样。统治者真是统治者的时候，是没有错误的，他总是定出对自己最有利的种种办法，叫老百姓照办。所以像我一上来就说过的，现在再说还是这句话——正义乃是强者的利益。（340d - 341a）

色拉叙马霍斯意识到自己的疏漏，但他反应敏捷，迅速补足了他的定义，严格了他的逻辑。他所做的最重要的一个补充是，强者永远都不会犯错误。就如一个医生，他如果治病有错，我们就不会称他是医生。或者我们会称他是不合格的医生，后面这个说法虽然保存了医生的称呼，其实只是用来表明他的医生的职业形式，而不是表明他具有医生的技艺，或者说我们内心里面已经不认同他是一个医生了。同样我们称一个人为会计师，也不是因为他会算错，而是因为他能够正确地计算。依此类推，当统治者犯错误的时候，我们就不能够称他为统治者，因此真正的统治者是不会犯错误的。强者就是永远都不会犯错误的统治者，因此他们永远是正义的。就此而论，"正义就是强者的利益"是最合理的定义。我们不得不承认，色拉叙马霍斯的观点是有道理的。确实，在人们的日常生活中，当人们称某个人是医生时，指的是一个具有与治疗技艺相配的人，不然我们只是在类比的或者不严格的意义上称他为医生；统治者也是如此，在严格意义上说，一个统治者确实不应该犯任何错误，因为否则他就不能够达到统治的目的。只不过，我们通常的说法并非如此严格而已。

现在，色拉叙马霍斯把逻辑的缝隙填补上了，虚无不再出现在逻辑的缝隙中了。色拉叙马霍斯胸有成竹，胜券在握。他得意洋洋地看着苏格拉底。然而，辩证法难道只是辨别词义的雕虫小技吗？不，辩证法既有小巧精致的方面，还可以奏出真理的黄钟大吕之声。

苏格拉底的辩证法再次出击。

这次，苏格拉底不是剑指色拉叙马霍斯的用词造句，而是直指

"正义"这个词作为技艺的内容。辩证法或者反讽法在于为思想的广阔地带找到最直的路，而不至于走入丛林并迷惑其间。虽然思想或许无可避免地交织着丛林，步入辨认困难的曲折之地，但是真理永远都是光明的直道。辩证法是定出光明直道的方法，然而在等待真理降生的时候，人们必然先要经历废墟的苍茫和虚无缠绕的疼痛。克尔恺郭尔深悉苏格拉底反讽法的"等待"状态，或者说反讽法本质上就是一种等待的方法，因此克尔恺郭尔称苏格拉底为古希腊那个时代的破折号，破折号是一个等待的符号，它等待真理的到来，但是在真理到来之前，虚无必须被显明出来。辩证法是破折号，是说辩证法显现虚无的非真理状态，人们经常在非真理状态里面就以为拥有真理，以至于妨碍他们等待真理。苏格拉底要让色拉叙马霍斯的"真理"显出虚无来，引导人们去等待真正的真理，而在等待之中的人们就会成为真理的破折号。

苏格拉底仍然采取迂回之术，他的迂回之术承接着色拉叙马霍斯有关医生的类比。色拉叙马霍斯认为医生之所以被称为医生是因为他们绝对不会出差错，苏格拉底则跟着讨论说所谓医生是治病的人，而不是挣钱的人；舵手是领导水手的人，拥有领导的技艺，而不是操作划船技术的人。因此医生被称为医生在于他们拥有医术，而发明医术是因为人的身体有所欠缺，是因为它不能完全靠着它自身而完善。既然如此，医术本身就必须是完备的。如果医术本身不完备，那么医术这种技艺就需要其他技艺补救。就医术而言，它是为了身体的。因此任何技艺都不是为了它本身，而是为对象服务的。就此而言，统治者也是如此。统治者是为了统治对象而服务的，他要照顾的也是被统治者的利益而不是他自身的利益。这样，色拉叙马霍斯有关"正义就是强者的利益"的观点就再次被颠倒了过来。即使依照色拉叙马霍斯的逻辑，如果从统治这个观念的角度来说，所应推论出的结论是，统治者应该为被统治者的利益着想，而不是去实现统治者的利益。

苏格拉底和色拉叙马霍斯还有至少两轮的论辩，这里按下不表。我们这里只是为了向大家示例苏格拉底辩证法的一些特征。许多苏格拉底的对话者经常不知道他们的观点是怎么被颠覆了过来的，他们的逻辑仿佛一下子就被苏格拉底的辩证法的魔杖卷走了。这是令他们畏惧的地方。然而就苏格拉底而言，这纯粹是因为他们不懂得批判的省思，因此他们总是不能够意识到他们的所谓真理，其实只是建立在沙砾基础上，或者说他们的所谓真理本身就是沙砾。辩证法或者说反讽法只是不断地透过发问，把他们概念所蕴含的虚无性呈现出来而已。就如《理想国》中的色拉叙马霍斯，他在定义正义就是强者的利益时，没有把正义与真理关联起来，而是把正义与强者关联起来；再例如在第二轮论辩中，同样是"正义就是强者的利益"的观点，色拉叙马霍斯没有去讨论正义本身所具有的特性，如果正义作为一种品性，它就不能由外物来定义，外物只是将其品性呈现出来的物的逻辑，而不构成正义本身的秩序。苏格拉底使用问和答这样的组合，其实只是把他们原先自以为的逻辑连续性的不连续性展现出来而已。人们的观念经常包含着不连续和跳跃的部分，这就是人们思想的常态，也是他们生活的常态，这种常态足以说明我们每天都生活在非真理状态之中。当人们不明白自己的非真理性，却又自以为握有真理时，他们就不能过上美好的生活。

8　用真理三叩灵魂的米诺斯迷宫：虔诚三论

与《埋想国》中的色拉叙马霍斯依然斗志百倍不同，《欧悌甫戎篇》中法庭前的欧悌甫戎已经绝望了。欧悌甫戎已经知道在这场有关虔诚问题的缠斗中，他根本就没有获胜的希望。他有关虔诚的观点已经被苏格拉底的辩证法彻底击败了。

欧悌甫戎已经濒临崩溃了！

自我的崩溃是以思想的崩溃为前提的。人们本来就是以自己的思想和观念为自我的。"我思故我在"。思想即存在，思想即自我。当在苏格拉底辩证法的痛击之下破绽毕露的时候，欧悌甫戎的"思想"崩溃了，他的"自我"也就崩溃了。这就露出了其"自我"的非真理性状态。欧悌甫戎的自信成为迷茫，迷茫也成为一种虚无，现在虚无又成为倦怠。他不再能够执着于他的观念了，他不是在真理面前胆怯了，而是在虚无面前看到了自己的非真理状态，他的胆怯源于他的非真理性。真理让人得自由，真理不会让人胆怯。苏格拉底看出了欧悌甫戎想放弃，然而他还不想放走欧悌甫戎。苏格拉底还没有获得有关虔诚的答案，他还不肯放过这迷茫而崩溃的欧悌甫戎，而欧悌甫戎则看见了苏格拉底的"可畏"。

有关虔诚的对话还在继续进行。

前面的推论让欧悌甫戎的逻辑崩塌。欧悌甫戎原先所持的观点如下：虔诚和神所喜爱的是一样事物，虔诚就是做所有神喜爱的事物。但是苏格拉底已经让欧悌甫戎看见他这个观点的错误。

重新再来！

苏格拉底鼓励着可怜的欧悌甫戎不要放弃。这次苏格拉底自己提出一个观点。"看来你有倦意了，我要帮一把，请你注意指教我虔诚是什么，不要半途而废。请注意：你是不是认为凡是虔诚的都是公正的？"（《欧悌甫戎篇》11e）苏格拉底把有关虔诚的发问转向更抽象的层面：不再把虔诚与神灵的喜爱相关联，而是让它与正义或者公正相关。公正或者正义甚至高于诸神，因为诸神也得服从于正义，连宙斯都要服从于正义。

在欧悌甫戎认可这个观点后，苏格拉底又用他的辩证法展开了一系列的追问。当欧悌甫戎认可凡是虔诚的都是正义的时，苏格拉底就问他正义又是指下面的哪一种选择呢？

（1）究竟是一切正义的都是虔诚的，还是一切虔诚的都是正义的？

（2）或者有一部分是虔诚的，有一部分不是虔诚的？

在苏格拉底的一再启发之下，晕头转向的欧悌甫戎终于搞清楚了其中的关系，他认为虔诚是正义的一部分。换言之，虔诚并不是正义的全部，正义的范围要大过虔诚。既然如此，就还需要找出虔诚属于正义的哪一部分。

欧悌甫戎似乎一下子苏醒过来了，他的倦怠暂时消失了。他的精神活跃起来，犹如冬眠苏醒后的棕熊，又表现出捕猎的冲动。欧悌甫戎认为圣洁和虔诚是正义这种德性中对待神灵的部分：虔诚是正义和圣洁地对待神灵的部分。直白一点说，正义有两个部分：对神正义和对人正义。虔诚是人对于神的正义。

现在问题在于，什么是"对待"？在大费周折之后，苏醒的棕熊欧悌甫戎提出了一个简明扼要的观点："在祈祷和祭祀的时候，如果懂得说一些、做一些神灵满意的事情，那就是虔诚的，就能挽救个人的家庭和国家的事业；说的、做的不是神灵满意的，就是不虔诚，就会使一切颠覆毁灭。"（《欧悌甫戎篇》14b）欧悌甫戎在这里耍了个小心眼，他使用绕口令的方式努力使虔诚显得高贵些，而他实际的意思是，虔诚就是向神灵送礼和索酬的知识。一方面虔诚是向神送礼，也就是做神满意的事情；另一方面，由于神灵满意了，就会使个人的家庭和国家的事业得到挽救。再直白些说，虔诚就是神和人做买卖的艺术。那么神和人在这个买卖艺术中各自获得了什么呢？欧悌甫戎说人们送给神灵的礼物无非是尊荣和崇敬，也就是使神灵可爱的东西。

如此而论，虔诚就成了对神灵可爱的东西。

无比可怖的场面再次出现。在前面一番的讨论中，苏格拉底和欧悌甫戎已经证明虔诚和可爱是两件不同的事物，现在苏格拉底又把欧悌甫戎带回了这个场景里面：虔诚又成了神灵可爱的事物。

欧悌甫戎彻底崩溃了。反讽的是，苏格拉底还没有，他仍然充满了探讨的乐趣。思想是最好的心灵养颜术。"那我们就应该从头来研究虔诚的是什么。因为在弄清楚之前我是不肯罢休的。请不要把我不放在眼里，用各种办法尽心为我说出真理吧；因为你是知道真理的，要是你像柏若斗那样憋住不肯吐露，我不会让你脱身，一定追问到你开口。你如果不是深知虔诚和不虔诚，当然不会为一个帮工控告自己的亲生父亲杀人。你这是怕自己做错了会冒犯神灵，以致不齿于人。我完全明白你是自命精通虔诚和不虔诚的本质的，那就把它告诉我吧，高明的欧悌甫戎啊，不要对我隐瞒自己的思想了。"(《欧悌甫戎篇》15c - e) 而实际此时的欧悌甫戎是有苦说不出，他已经再也无法信任他的观念的正确性了。

苏格拉底的反讽法现出它网罗辩论者的"魔影"。他把欧悌甫戎比作希腊的波涛神柏若斗，这是一位不断变化形状也不愿吐露真相的神灵。希腊英雄奥德修斯在特洛伊之战结束后返航回家，途中迷失于航程，经女神指点曾在岛上抱住波涛神柏若斗不放，让变幻无定的波涛神使尽各种形状后，最后才迫于无奈，露出真相，告诉他回到家乡伊塔卡的路线。欧悌甫戎心中叫苦不迭，他借口另有急事，见苏格拉底准备开口挽留，就如同见到鬼影弥漫一般，拔腿就逃。只留下苏格拉底在法庭面前苦苦的挽留之声：

> 你这是怎么啦，朋友？你这一走，我的殷切希望就达不到了。我满心指望跟你学习到虔诚是什么，不虔诚是什么，好摆脱梅雷多的指控，向他表明已经得到欧悌甫戎的指教，增长才智，明白神灵的事情了，再不会由于无知贸然行事，在宗教信仰方面提出新的看法，我今后的生活也可以过得比较高尚了。(《欧悌甫戎篇》15e - 16a)

《欧悌甫戎篇》是柏拉图新悲剧的第一篇作品，这篇对话讨论虔诚的定义。这对于即将受审的苏格拉底非常重要，因为苏格拉底被指控的第一项罪名是亵渎神灵。

苏格拉底与欧悌甫戎有关虔诚的讨论，是苏格拉底在法庭上向雅典人为自己辩护的预演。在苏格拉底与欧悌甫戎的对辩中，至少经过了如下三轮的讨论。

（1）虔诚就是做神所喜爱的。这是欧悌甫戎的观点。苏格拉底迫使欧悌甫戎承认，不同的神灵有不同的喜爱，他们的喜爱相互矛盾。做宙斯所喜爱的，却不一定被克洛诺斯喜爱。因此，虔诚就是做神所喜爱的观点不够准确。

（2）虔诚就是做所有神灵都喜爱的。这是欧悌甫戎的第二个观点。但是，经过一系列复杂的推论，苏格拉底迫使欧悌甫戎承认，神灵喜爱的是爱，神灵喜爱的并不是虔诚。因此，欧悌甫戎仍然没有给出虔诚的定义。

（3）凡是虔诚的都是正义的。正义分为两部分，一部分是对人正义，一部分是对神正义。虔诚是正义和圣洁地对待神灵的部分。这是苏格拉底提出来，欧悌甫戎赞同的。但是苏格拉底迫使欧悌甫戎得到如下推论：虔诚就是神和人做买卖的艺术。接着，他又迫使欧悌甫戎承认：人们送给神灵的礼物无非是尊荣和崇敬，也就是使神灵可爱的东西。最后，苏格拉底又迫使欧悌甫戎回到了（2）的论证：虔诚成了对神灵可爱的东西。而在（2）中，这个观点已经被证明是错误的，因为欧悌甫戎在这个定义中没有真正说明虔诚的定义。

苏格拉底迫使欧悌甫戎步步倒退的对话方法，就是著名的辩证法，也叫反讽法，还称为问答法。是苏格拉底剑指真理的方法，也是他得罪许多雅典人的方法。

苏格拉底用这种方法，向欧悌甫戎显示他所持有的关于虔诚的看法不是真理。苏格拉底进一步要指出的是，我们每个人都以为自己握有真理，例如欧悌甫戎认为他拥有关于虔诚的真理，但其实不然。因此，我们世人是生活在非真理状态。这就是哲学家苏格拉底的先知身份，他以先知身份来到这个世界，就是告诉人们，人们所信以为真、视之为实的观念并非真的如此，他们的生活其实是一种充满自欺的活动，而他们必须离开自欺，才能够真正拥有生活的意义。

苏格拉底告诉欧悌甫戎，他所谓虔诚观念是虚假的。或者即使欧悌甫戎的虔诚观念是真实的，由于他并不明白他所说的话的意思，他仍然是处在虚假的状态。由于我们没有人可以持续地生活在虚假之中，即使一个人的说谎是虚假的状态，但他仍然是要透过说谎这种虚假来获得真实的生存或者真实的快乐；一个人的自欺当然也是虚假的，但是自欺也是为了让恶和负面的情绪不再形成对自己的纠缠，让真实的生活得以持续。因此，任何的虚假本身是无法存在的，虚假必须在追求真实中才能够存在。当人的真实始终沦陷于虚假之中时，人的生活总会显出其荒谬，总会显出其悲惨的真相。要想生活得幸福，必须寻求真理。

人实际生活在非真理状态，却总是附丽着真理的说辞。这就是生活里面的吊诡处境。

在苏格拉底看来，之所以会是如此，是因为大多数的世人更喜欢真理的说辞，却不喜欢真理本身。他们喜欢真理的说辞，用它来为生存的合理性辩护，使自己能够自欺地活着，但他们事实上在逃避真理，他们逃避真理如同逃避洪水猛兽。绝大多数人就都这样地活着，视真理为畏途，却乐此不疲地制造各种真理的说辞。循此以往，非真理状态的人们，最终的结果是悲惨，因为他们在生死面前就显出了他们的愚昧，就显出了他们的虚无，就显出了他们的胆怯。

可是公民们，逃避死亡并不很难，逃避邪恶却难得多，因为邪恶跑得比死亡快。

——柏拉图《申辩篇》39b

但我愿意你们在善上聪明，在恶上愚拙！

——《罗马书》16：19

雅典的法庭和哲学的生活

苏格拉底站在雅典法庭上，他环顾着法官和陪审团成员。

法庭上坐着 501 名陪审员，还有法官和其他工作人员。雅典法庭，亚里士多德称之为雅典陪审法庭，由希腊七贤之一梭伦所设，原属于公民大公，是雅典城邦的重要权力机构。雅典法庭后来从公民大会中独立出来，成为与公民大会和议事会并立的权力机构。最初的雅典法庭没有陪审团，诉讼者完全有可能贿买法官。梭伦设立雅典法庭陪审团，是为了防止司法腐败。梭伦设立的陪审团制度，其陪审员通常是 600 名，这样诉讼者不大可能买通其中的半数，就大大减少了贿买的机会，较大程度上保证了司法公正。梭伦还规定，在庭审后，陪审团成员立即各自独立对案件做出判断，即时投票，使得陪审团成员没有时间串通达成协议，这就更有效地预防了贿买。

苏格拉底已经站在法庭上了，他站在被告席上。此前，梅雷多已经完成了对苏格拉底的控诉。雅典法庭不设公诉人，每个原告都要自己提起诉讼，或者请人代为诉讼。据第欧根尼·拉尔修的记载，梅雷多、安虞多和吕贡的状子如下：

> 发誓控诉人梅雷多，是壁托部人梅雷多的儿子，被告苏格拉底，是阿罗贝格部人苏甫若尼斯各的儿子：苏格拉底犯有不信本邦所奉神灵之罪，企图另立新的精灵，并且犯有毒害青年之罪。要求科以死刑。①

按照雅典法律规定，控方梅雷多等人还要发表控诉陈词。然后如同原告自己控诉被告一样，被告也要为自己辩护，自证无罪。苏格拉底的朋友吕西亚曾为他写过一份辩护词，但是苏格拉底没有采用他的辩护词。吕西亚的辩护词虽然是一篇好文章，但苏格拉底认为不适用于他。吕西亚的辩护词更像是律师的辩护，苏格拉底要发表的却是哲学辩护，这是这位雅典先知最后一次向雅典公民发出灵魂苏醒的邀请。

1　苏格拉底的罪名

听了原告的控诉，雅典公民们，各位心里怎么想，我不知道；至于我，我感到简直认不得我自己了。他们说得真是天花

---

① 《柏拉图对话集》，第608页。

乱坠，可就是几乎没有一个字是真话。(《申辩篇》17a)

在柏拉图的《申辩篇》中，苏格拉底是这样开始辩护的。

柏拉图没有存留下梅雷多、安虞多和吕贡的更具体的控状，除了苏格拉底所受的两项罪名的指控即亵渎神灵和败坏青年之外，柏拉图没有记录梅雷多在法庭上的说辞。幸运的是，苏格拉底的追随者色诺芬留下了梅雷多天花乱坠的指控的罪证，虽然色诺芬的记载远没有柏拉图的精彩。色诺芬年轻时与苏格拉底有过交集。拉尔修的《名哲言行录》记录了一则故事。有一次苏格拉底行路遇见了色诺芬，问他到何处可以买各种物品。色诺芬一一相告。苏格拉底接着问人们应在哪里可以使灵魂美好，色诺芬愣在当地，无以回答。苏格拉底就说，那么来跟随他学习吧，他就这样成了苏格拉底的听讲者。据色诺芬的《回忆苏格拉底》记载，梅雷多的指控如下：

苏格拉底不尊敬雅典城邦所尊敬的诸神。证据呢？因为苏格拉底经常说神灵指教了他，但是这个神灵不是雅典城邦敬奉的神灵，而是苏格拉底心中的某个声音，苏格拉底老是说有一个灵机在他心里面向他说话，这就证明苏格拉底引进了新神。在古代，引进新神是可以构成颠覆国家的罪名的。

苏格拉底败坏青年。梅雷多们的主要指控集中在这一项罪名上。他们提出了许许多多的说辞，来论证雅典城邦的乱局、雅典城邦那些祸国殃民之人，都是与苏格拉底有过密切交往的人，这些人从苏格拉底那里获得教导，并把这一套教导用于祸害城邦。他们提出了如下四条证据，来说服雅典的陪审法庭。

证据一，苏格拉底教导那些与他交往的人轻视雅典的现行法律。[①] 苏格拉底曾经对他们说，用豆子拈阄的办法来选举城邦领袖是非常愚蠢的，因为没有人用拈阄的办法来雇用一个舵手、建筑师和吹笛子的人，何况这些方面的危险还远低于管理国家事务，雅典人用民主制选择国家的领袖，就如同拈阄。现行政府是民主选出来的，就如同拈阄选出医生。苏格拉底的这类言论激发了青年人对现有政府的不满，使他们对现有政府采取暴力仇视的态度，这就会引导青年人可能选择暴力行为来推翻现有政府。

证据二，克里提阿斯和阿尔基弻亚德原是雅典城邦的有为的政治家，但在与苏格拉底交游之后，他们使城邦蒙受了巨大的祸害。[②] 克里提阿斯和阿尔基弻亚德都曾追随苏格拉底，这两个人野心勃勃，总是希望人们都按他们的意思行事。克里提阿斯是寡头政治成员中最贪婪和最强暴的人。克里提阿斯淫荡、粗鄙，迷恋当时雅典有名的妓女尤苏戴莫斯。阿尔基弻亚德则是民主政治中最放纵、最傲慢和最强横的人，他借着自己的美貌勾引妇女，最后还为了自己的政治利益与雅典城邦的宿敌斯巴达勾结，出卖雅典城邦，被雅典城邦处以死刑。

证据三，苏格拉底不仅教唆他的弟子们轻视他们的父母，也使他们轻看别的亲属，说亲属关系对那些有病的人和进行诉讼的人没有益处。他们指控说，苏格拉底认为医生对病人才有帮助，亲属对

[①]　色诺芬：《回忆苏格拉底》，第 1 卷第 2 章第 9 行，吴永泉译，商务印书馆，1997，第 8 页。

[②]　色诺芬：《回忆苏格拉底》，第 1 卷第 2 章第 12 行，第 9 页。

于病人没有帮助；朋友们除非带来益处，否则友谊是没有价值的。苏格拉底这样做都是为了证明他自己是最有价值的，而其他人是没有价值的。苏格拉底还说，当灵魂离开身体后，人们就把最亲爱的人的身体送去殡葬，让它尽快消失，这是教导人不要尽孝。苏格拉底类似的说辞，都是在败坏青年。①

证据四，苏格拉底挑选著名诗人的最坏诗句为证据，来教导他的弟子们做无赖汉和暴君。苏格拉底挑选了希腊著名诗人赫西奥德的诗句"做工不是耻辱，闲懒才是耻辱"，把诗人的劝导解释为：人们无论什么事都可以做，不正义的事、不光彩的事都可以做，只要有利可图就行。苏格拉底还挑选《伊利亚特》第二卷希腊英雄俄底修斯责备多嘴的塞耳西忒斯的话，宣扬普通人民、劳动者应该受到那些贵族和王者的统治、责打及鞭笞。② 据荷马的《伊利亚特》记载，塞耳西忒斯只是一个士兵，却责备希腊统帅阿伽门农私心自用。希腊英雄俄底修斯责备塞耳西忒斯超越社会阶层发表言论，并对他鞭打，引来希腊英雄们的喝彩。

梅雷多们的指控有多少真实性呢？色诺芬举了一些事实。以克里提阿斯为例，他因愤恨苏格拉底的嘲讽，在他当政的时候，曾经在法律里专门加了一条"不许任何人教授雄辩术"。苏格拉底曾经说，令他感到惊异的是，一个负责牧养牲畜的人如果所牧养的牲畜越来越少，这个人会承认他自己是个坏牧人。然而奇怪的是，一个城邦的领袖，在城邦的人民纷纷逃离的时候，他却不承认自己是糟

---

① 色诺芬：《回忆苏格拉底》，第 1 卷第 2 章第 51－55 行，第 18－19 页。
② 色诺芬：《回忆苏格拉底》，第 1 卷第 2 章第 56－59 行，第 19－20 页。

糕的人。克里提阿斯盛怒之下，把苏格拉底召到他们前面，指给他雅典法律，禁止他和青年人讲论。

梅雷多们为苏格拉底编织了许多文字上的罪狱。

2　文字的罪和赎

苍老的苏格拉底愈见精神。现在，他要为自己发表辩护演说。

大略而言，这两项罪名都是梅雷多们为苏格拉底罗织的文字狱，都是指控苏格拉底犯下言语之罪。从登场演说伊始，苏格拉底就直指梅雷多们的文字或者言语的罗织，因为任何的文字狱都是精心的文字游戏。指控苏格拉底的两项罪名都是精心的遣词造句，并且所谓罪行也仅限于这种文字游戏带来的字面意义。梅雷多们正是文字狱的老手。苏格拉底先指出梅雷多们的语言特征，提醒雅典的陪审员们控罪与语言的关系，"皇天在上，雅典公民们，我的话不像他们那样字斟句酌"（《申辩篇》17c）。梅雷多们用经过精心装饰的语言把苏格拉底描述为一个能说会道的人，告诉陪审团当小心提防。苏格拉底说："听了原告的控诉，雅典公民们，各位心里怎么想，我不知道；至于我，我感到简直认不得我自己了。"（《申辩篇》17a）文字具有图像性，关于一个人的文字也是关于一个人的形象和品性，文字甚至就是一个人。我们因文字而生，我们也因文字而死；我们通过文字被人理解，也通过文字被人诬陷。文字本身无罪，但是对文字的罗织会使一个人的形象显得扑朔迷离，罗织文字之心比文字狱本身更加险恶。文字之网经常愈拆线头愈多，以致如同米诺斯迷宫的出口，迷宫的出口似乎是活路的指向，但条条"活路"其实都是引向死门。文字狱的可怕不在于文字，而在于心狱。梅雷多们深悉这用心之恶与语言游戏的妙处，世上的恶人大多也都擅长使用文字的这种置人于死地的妙处。然而苏格拉底则无惧于这用心之恶，因为他所关心的首要问题从来都不是生与死，而是什么样的生及为何而死。

梅雷多们要用文字置苏格拉底于死地，这是世界上最高明的杀人术，用文字杀人也是最残酷的杀人术。文字本是真理的寄居之所，使徒约翰说"太初有道"，也可以译为"太初有言"，言语是承载真理的。用海德格尔的时尚之语就是，语言是存在的家。其实海德格尔不过是鹦鹉学舌，不仅使徒约翰早就甚至更透彻地说出了海德格尔的极多冗余之作的意境，古希腊哲学家赫拉克利特也早就用一段话道尽海德格尔晚期所有作品的境界：虽然这里所说的逻各斯（言）永恒存在，但人们无论在之前还是最初听到它时，都恍若无闻；尽管万物都根据逻各斯（言）生成，但是人们却恍若无所经验。还有些人则根本没有注意他们醒时所做的事，犹如忘却了他们梦中的所为。人寄居在真理之言中，却对于言的真理性无知之极。

古希腊哲学家苏格拉底一辈子都在使用辩证法，用文字来为真理力辩。同样，在法庭上，他也要用文字为真理力辩，让文字承载真理的光芒，而不是任由文字成为恶者的器皿。在梅雷多们，他们是要用文字谋杀苏格拉底，而在苏格拉底，他的重点不在于为他自己辩护。苏格拉底辩护的重点始终不是在他自己有罪还是无罪这个层面上，他辩护的重点始终是真理，是我们当过什么样的生活。对苏格拉底而言，我们当过真理的生活，只有过真理的生活，这样生活才可能寄居于真理之言。"道成了肉身"，真理成了"文字"，"文字"的肉身、真理的实存性就是有价值的生活方式。

要区别虚假的文字和指向真理的文字，与言说的方式始终相关。梅雷多们的说话方式是"字斟句酌"的，他们似乎也是遵循着真理的严格逻辑，但是真理在于心，后才发扬于逻辑。真理是内在之人的逻辑，是美德的表彰，而不是道貌岸然的说辞。苏格拉底的说话方式是平实的，真理不需要词藻，真理警惕修辞术。他称自己"只是信口说出，不加选择。因为我相信我说的是正理，你们别指望有什么别的意思"。苏格拉底承认他自己也挺会说话，但只是在说真话上能说会道。这就是世界上最吊诡的两种情形，有的人在虚假的话上特别能说会道，这世界上却少有人能在真话上能说会道。世界的荒谬也正在于如此。苏格拉底的申辩所要陈词的对象并不单纯是一个雅典法庭，他事实上是在人类文明的法庭上申辩。因为在人类文明的法庭上，经常缺乏能够为真理力辩的声音，缺乏为真理能说会道的声音。真理的声音是质朴的，如赫拉克利特所说，"女巫西比娅用她宣告神谕的嘴，说出了单调而朴实无华的话，通过神灵，她的声音响彻千古"①。就如耶稣的话是质朴的，"天国近了，你们应当悔改！"（《马太福音》4：17）同样，苏格拉底的话也是质朴的："雅典公民们，在我答辩的时候，如果听到大家在市场上、

---

① 苗力田：《古希腊哲学》，第51页。

钱店里或者什么别的地方听我常说的一些字眼，请不要见怪，不要打断我。我虽然活到七十岁，还是第一次上法庭，不懂这里的说话规矩，是个大外行。"（《申辩篇》17d）今天的读者诸君，也请不要以为苏格拉底是在恳求法庭的怜悯，如果苏格拉底要恳求法外开恩，他只要把他三个未成年甚至年幼的儿子蓝波罗克里、梭弗罗尼十哥、缅温克舍诺带上法庭，博人同情就可以。不是的！为真理力辩的人，不需要寻求人的怜悯。苏格拉底只是要求雅典人不为梅雷多们精心编织的、模仿真理的、实则是虚妄的言语所迷惑，他只是要求雅典的陪审团成员专注于真理，专注于话语本身的真实性，因为这诚然是对苏格拉底有益的，然而专注于真实性，更主要是于雅典公民们有益。苏格拉底辩护的重点不在于他自己，而是真理，而是雅典人。当雅典人专注于话语的真实性时，他们就在言说的真理里面，就会离开无真理的状态。

> 不管它是好还是坏，专门注意我说得有没有理。因为讲理是审判官的美德，以实道实是说话人的本分。（《申辩篇》18a）

一个从语言开始真理之路的人，也将以真理成全他的言语！

3　流言和真实

苏格拉底的辩护从真理的语言开始，只有真理才能回击流言。一个为真理而生的人，一定是为语言的真实而活的人。无论是操持真理之事还是编织虚假之言的人，他们都会存在于语言里面，语言的澄明和含混同是真理者和虚假者的藏身之所。要实现语言的全然澄明是不可能完成的事情，然而真理的言说者就是为这不可能性而活。吊诡的是，不可能性里面有澄明。死亡是必然的，真正的生命存在于死亡的必然性之外，因此真正的生命就存在于真理的不可能性之中。在含混的世界里面，人们的语言总是带着对真理的遮盖，人们的言说总是带着离开真理的方式。真理的不可能性不是指真理是不可能的，真理的不可能性是说人们就其根本的心意而言，总是想逃避真理的，就如同人们总是想透过偷生逃避死亡一样。真理在于活出生命的自由，生命的自由使得生命存在于死亡的必然性之外。

苏格拉底活在死亡的必然性之外，但他没有先向梅雷多们说话。他先向雅典公民们说话，因为梅雷多们并不只是梅雷多们，梅雷多们是雅典人的代言者，是那些要指控苏格拉底的雅典人的代言者，梅雷多们只不过是雅典人有关苏格拉底的流言所建构出来的平庸者们的木偶。在雅典人中间，从许多雅典人的童年开始，就存在着有关苏格拉底的流言，这些流言伴随着雅典人对苏格拉底的记忆而成长。"雅典公民们，我首先应当驳斥那些对我的第一批诬陷，以及第一批的诬陷者，然后再驳斥后来的一批。"（《申辩篇》18a）这第一批的诬陷者是那些生活在有关苏格拉底流言中的雅典人，这些人没有出现在雅典的控诉席上，然而他们无所不在。在雅典陪审团中，就坐着不少这样的人，他们被传递在雅典人中的有关苏格拉底的流言控制。第二批的诬陷者才是梅雷多们。第一批的诬陷者，就是那些听信流言并在流言中长大的雅典人，比第二批的诬陷者即梅雷多们更危险。因为第二批的诬陷者即梅雷多们知道他们的控诉是虚假的，他们只是因为他们被苏格拉底刺痛了才起来报复；但是第一批的诬陷者则认为他们从流言中所获知的苏格拉底是真实的。

> 公民们，那些人得到了你们的信仰，因为他们在你们童年就控制了你们多数人，说有一个苏格拉底，是智慧的人，对天上地下的事无不钻研，能把没理的说成有理。那一批人，雅典公民们，把这个谣言到处传播，是我最危险的诬陷者。(《申辩篇》18b－c)

语言是一种险境，因为语言会成为谣言，谣言是播种恶毒之物的言说，是一种能够把恶毒作为发泄的快乐传播给别人的言说，并使被传播者陷于险境。谣言的听众很容易就附着在其他人听觉的快乐之中，因为许多听众对恶意的话语特别能够产生快感，流言的快乐就像性冲动时刻刺激着他们的神经一般。流言因着快乐的享有而自然地成为真理的装束，性冲动因着神经的经常活动而获取其合理性，快乐则是虚假之理进入人心最容易的通道。他们就用这种方式自然而然地以真理的装束控制着人心，流言就以这样的方式在雅典人的心中确立起"恶老汉"苏格拉底的图像。

什么是雅典人关于苏格拉底的流言呢？这流言就是梅雷多的状子所写的。一是苏格拉底教导人们不信神灵。神灵是古代文化的基因，也是身份认同的根源，还是国家和民族的基石。当某个人被批评为不信神灵的时候，他就天然地成为另一个人、另一群人甚至整个国家的敌人，至少他会成为一个可疑者。流言宣称苏格拉底认为太阳是一块燃烧的石头，然而希腊人深信太阳是阿波罗神。苏格拉底宣称阿波罗神只是一块燃烧的石头，那他就是希腊人的"全民公敌"了。然而真正宣扬神灵只是物质的不是苏格拉底，而是阿那克萨戈拉。阿那克萨戈拉是一个自然哲学家，他认为存在着数量无限多、体积无限小的种子，它们混合而成万物。种子的混合就是生成，种子的分离就是灭亡。阿那克萨戈拉说太阳就是燃烧的石头，而不是希腊人的阿波罗神。苏格拉底年轻的时候确实曾经师从阿那克萨戈拉，然而他并没有接受他的学说。那些流言的传播者和梅雷多们把阿那克萨戈拉的学说算在苏格拉底的头上，于是就有了关于苏格拉底亵渎神灵的污言！

关于苏格拉底的另一个流言就是他败坏青年。败坏青年的罪与亵渎神灵的罪相关。这第一批的诬陷者们说苏格拉底用亵渎神灵的语言败坏青年人，而这些青年人又用从苏格拉底那里学习到的说话方式去考查他们身边的人。"还有一批小青年，本是富家子弟，游手好闲，很乐意跟我往来。他们喜欢听我讲怎样对人们进行审查，自己也学着我的样去审查别人。我想，他们该发现了一大批人自以为知道事情，实际上知道很少，或者一无所知。"（《申辩篇》23c）那些人责备苏格拉底败坏青年，是因为他们认为正是苏格拉底蛊惑了青年人，用那些他所钻研的天上地下的、不信神灵的事情，把没理说成有理的方法，败坏青年人的心灵，残害雅典城邦未来的花朵。然而苏格拉底一语洞穿真相：野心勃勃的不是他苏格拉底，也不是这些青年人，而是那些给苏格拉底造谣的人。他们想用虚假的语言控制青年人，他们众口一词地发动对苏格拉底的攻击，以期控制雅典城邦。真正威胁到雅典城邦安危的不是他苏格拉底，而是用谣言控制雅典公民的那些人。

然而人们拿流言是没有办法的，苏格拉底也拿流言没有办法，因为对付流言就如同对着影子打架，就如同拳打空气。如果与人求证流言，那根本就是近于荒诞，因为当你向别人提出这些流言时，不仅无法求证，也无人回答，更是自承臭名。社会就是如此的荒诞，古代如此，现代也如此。这就是人类文明极其荒谬之处，即人在价值真理的识别力上，自古至今就没有真正的进步。换一个方面来说，流言确实也是最接近真理的，这并不是说流言本身是真理，而是说流言的反面是真理。但是又有几个人会从反面去看一件事呢？当人生活在流言之中，他们会认定流言就是真理，他们从来没有想去看流言的反面。这是苏格拉底身处的雅典，也是每个人所在的世界。

用现时代的话说，这就是江湖。没有了是与非，流言就四起。

4　哲学智慧和自知无知

雅典法庭的陪审团成员审视着苏格拉底的表情，听着苏格拉底的申辩，眼里明明写满了疑问，苏格拉底你不是也在使用言语吗？你难道不也正是在用言语撇清自己的罪责吗？苏格拉底你本人难道就没有丝毫过错？难道梅雷多控告的罪行全是捏造？难道你的灾难全是那些影子般的雅典人加在你身上的诬陷？如果这样，为什么这些诬陷没有加给阿里斯托芬、格黎东或者其他雅典公民，而只加给你苏格拉底呢？既然这流言是关于苏格拉底你的，总有其原因吧，无论如何你也总负有责任吧？

苏格拉底明白他们心中之所想。苏格拉底申辩道：

> 雅典公民们，"我要努力使你们明白实情，知道我的名声是怎么造成的，我所得到的非难是怎么来的"。（《申辩篇》20d）

这名声是怎么来的呢？至少与一位希腊公民凯瑞奉相关。凯瑞奉是苏格拉底从小的朋友，在苏格拉底法庭辩护时已经不幸于人世。他有一次去德尔斐神庙向神求签。相传德尔斐神庙原本敬奉大地女神盖亚，阿波罗神箭射了守护大地女神的巨蟒之后，成了德尔斐神庙的新主神。古希腊人常常以家国之事来这里求签问道，寻求神灵的指引。希腊人称德尔斐为"世界的肚脐"，也就是"世界的中心"。凯瑞奉这次求签时提出了智慧问题，"公民们，请不要打断我的话，他问的是有没有人比我智慧"（《申辩篇》21a）。这是一个让自负的雅典人寝食难安的问题。自希波战争之后，雅典是当时地中海文化鼎盛之地，雅典人以理智探索为最大的乐趣，也以自己为最具才华者。但是当时解签的毕体亚女巫答道，"没有比苏格拉底更智慧的了"（《申辩篇》21a）。为了说明这话不是出自苏格拉底之口，苏格拉底举证说，凯瑞奉的兄弟可以向诸位雅典公民证实此事。这个神谕为苏格拉底招来大量的嫉妒，因为他宣称自命不凡的人最愚蠢，对那些自命不凡的小人而言，他们对人的最深的恨就是剥了他的面目。苏格拉底把安虞多看成其中一员，安虞多因此恨苏格拉底入骨。

然而，法庭陪审团成员心中依然会存疑：即使这个神谕会为苏格拉底招来不少非议，但还不致陷他于死地啊！人们虽然会记得这个事情，但如果神谕与他们无关，也就不会成为他们身上之刺，不会令雅典人心中对苏格拉底生出杀机。"智慧人的言语，好像刺棍"（《传道书》12：11），然而领受神谕的人，并不是在于享受神谕给他的荣耀，他要承担起神谕给他的使命。使命总是带着危险。这神谕附着了苏格拉底身上，使得苏格拉底成了雅典人身上的刺，这刺总是随着苏格拉底对人的盘问而四处游动，就一直在刺痛雅典人，最后使那些影子般的雅典人心生出杀苏格拉底而后快的冲动。

何以至此？

原因在于被神谕称为最有智慧的雅典人苏格拉底本人也深感疑惑：他被神谕称为雅典最有智慧的人，然而连他自己都不懂这种智慧是什么。怎么会这样呢？既然苏格拉底被称为最有智慧的人，而神签是没错的，这位最有智慧者苏格拉底应该清楚什么是智慧才是啊。苏格拉底却自称他根本无法懂得这种智慧。

> 这是哪种智慧呢？也许正是那种属于人的智慧。我智慧，实际上也许是人的智慧这个意义上的；至于我刚才说的那些人，也许是在超人的智慧这个意义上智慧。这种智慧我不知道怎么说，因为我一点都不懂，说我懂的人是说谎，是在引起对我的非难。（《申辩篇》20d - e）

智慧是什么？苏格拉底说他并不清楚。德尔斐神庙称为最有智慧的希腊人苏格拉底却不懂得智慧。这如何可能？既然神谕不会有错，那么一个被称为最有智慧的人何以不知道智慧呢？因为智慧就是辩证法，而辩证法就是吊诡，吊诡就是对立的东西同时出现在同一个人身上，例如无知和智慧同时出现在苏格拉底这个人身上，简言之，这个有智慧的人苏格拉底也是无知的。

然而，"无知"如何就成了苏格拉底被称为"智慧"的原因呢？忠实是神谕的最重要部分。忠实于神谕，是所有先知身上的特性。"苟利国家生死以，岂因祸福避趋之"。人事尚且如此，更遑论神谕加身。苏格拉底有着先知之精神，也必有先知之行动。既然他思考了很久却不得其解，就付之于行动。他勉强想出一个办法来探求神谕的真意。神谕是言语，一切都从言语而来，一切也都透过言语而呈现。智慧是神之言语，苏格拉底怎么可能是雅典唯一拥有神之言语的人呢？这就需要去与其他人讨论，需要从其他人身上求证。如果其他人身上也有神之言语，那么其他人一定起码具有苏格拉底同样的智慧，并且一定比他更有智慧，因为苏格拉底自以为并不具有神的言语，因为苏格拉底自认自己最无知。他只是被宣称为最有智慧，他自身却没有感知到自己最有智慧。

为了证明自己的无知，为了证明神谕的不正确，苏格拉底就需要找出一位比他有智慧的人。苏格拉底先去访问一个有智慧名声的人，心想在他身上可以照出神签有误。这是一位政界人物，这人也自承有智慧。但是当苏格拉底把否定他自己有智慧的反讽法用在那人身上的时候，这人所谓的智慧就露出了虚无，因为"他认为自己智慧而实非如此"（《申辩篇》21d）。苏格拉底开始明白发生在他身上的吊诡性了，就是他被称为有智慧却并非真的有智慧。苏格拉底身上的智慧，就是自知其自身无智慧。但是世上的绝大多数人都没有这种吊诡性，都是自称有智慧，却并无真正的智慧，但容不得别人说他自身无智慧。

吊诡性正是苏格拉底智慧的特性。

然而经此一问，苏格拉底就得罪了这位有名的政客，也得罪了他的朋友圈。因为这位政客是有名望的人，越是得罪有名望的人，危险也就越大。因为得罪了一个有名望的人，得罪的不只是他这个人，还得罪了他的家族成员，得罪了他的朋友们，也得罪了他的粉丝们。得罪一个人，经常是得罪一群人。然而先知就是生活在险境里面的人，他们都是被神谕催逼的人，因为先知所拥有的自由就是神的自由，先知所拥有的不自由也来源于神的自由，先知没有他自身的自由。先知被神催逼的不自由，就构成他的自由。与苏格拉底形成比较的是希伯来先知约拿。约拿是公元前 8 世纪的以色列先知，神差遣他去到当时的大城尼尼微，因为尼尼微城其恶极大，神要约拿去警告尼尼微人。可想而知这事的风险，因为约拿完全可能因着他对于尼尼微人的批评而丧失性命，于是约拿乘着船只逃往他施，海中就起了大风，狂风大作，船中的人几乎要死。船上的人都向他们的神灵祈求，最后他们擎签查出船中的灾难是来自约拿，因为神差遣他去尼尼微他却逃往他施，直到约拿自己恳求被扔到海中，风浪才得平息。神安排了一条大鱼吞了约拿，约拿就在大鱼的肚子里三天三夜，他祷告耶和华："但我必用感谢的声音献祭与你。我所许的愿，我必偿还。救恩出于耶和华。"（《约拿书》2：9）神吩咐鱼吐出约拿，约拿去了尼尼微，向尼尼微人发出悔罪的警告。

约拿不愿意做先知啊，那是要拿性命作为代价的。希伯来先知是被神催逼的人，古希腊的哲学先知苏格拉底也是如此，他是被神谕催逼的人，他自己也会为得罪这么重要的人物而心里很不自在，因为无端为自己招致凶险，"但是尽管如此我还是以服从天命为重"（《申辩篇》21e）。

生活在险境中，是神谕的一个部分！

为了探索神签的意义，苏格拉底遍访一切号称有点知识的人。先知的不自由就是神的自由，神让先知苏格拉底考查那些人，让那些人也经历他们的自由其实是虚无，从而引导他们在他们自己的不自由里面经历神的自由。这正是苏格拉底的特别经验：经历他自己的无知，才能经历神的智慧。智慧的吊诡性无处不在。

苏格拉底在访问了那位政治家后，又去访问了其他政治家，发现他们无一例外都是没有智慧的。他又访问了诗人墨客，用他们得意的作品测试他们是否有智慧，发现"诗人们创作并不是靠智慧，而是靠天分、凭灵感，正如先知和解说神签的人一样；因为这些人也说出很多美好的话，却不明白自己说的是什么意思"（《申辩篇》22c）。既然诗人们甚至不了解自己的作品，完全是凭着灵感的，那就验证出诗人们并没有真正的智慧，因为他们对自己所获得的其实一窍不通但他们还以为有知识。最后苏格拉底去拜访那些能工巧匠，发现他们由于精通本行，就以为在其他最重要的事情上也非常有智慧，例如他们认为他们在治国上也极有智慧，而他们其实只是懂得做鞋、种菜而已。人的智慧让人自以为是，他们自以为是的智慧总是显出他们的愚蠢，或者说他们的智慧总是透着他们的愚蠢，他们自以为的智慧正证明了他们的愚蠢。

遍访雅典社会各阶层的苏格拉底终于发现，那些名声越大的人几乎是最愚蠢的，那些名声越小的人，但颇为干练反倒更加讲理些。"所以我要告诉你们，我到处奔波，备尝辛苦，终于证明那条神签是驳不倒的。"（《申辩篇》22a）因为所有苏格拉底考查过的人都自以为有智慧，唯独苏格拉底知道智慧的吊诡性：自知无知！智慧就是自知无知！

> 凡人哪，你们中间那个像苏格拉底这样的人，是最智慧的，他承认自己在智慧方面实际上毫无价值。（《申辩篇》23b）

苏格拉底的到处考查为他招来了极大的恶名。他遍访雅典各阶层的人，也得罪了雅典的所有阶层。他考查的可能只是某些代表性的人物，然而他把考查过的人的所有亲戚朋友熟人一并都得罪了。这是人们的在世特性，虽然每个人都标榜讲道理，但是道理从来都只是他们嘴里的标榜。终于，在这群影子般的雅典人中跳出三个人来向苏格拉底进攻，"梅雷多为诗人出气，安虞多为工匠和政客报仇，吕贡为演说家翻案"（《申辩篇》24a）。苏格拉底为神谕的艰辛努力，却给自己招来杀身之祸。难道苏格拉底不知道这一点吗？不，"生活在险境中"，请记得这是每个先知无法逃避的命运。"雅典公民们，就是这一番查访给我引来了很多人的敌意，非常苛刻，非常毒辣，它也给我招来很多诽谤。"（《申辩篇》23a）然而能否因为怕死就不奉行神谕呢？"然而我知道，做违背法律的行为，不服从胜过我的人或神，是坏事，是可耻的事。所以我决不害怕或者躲避那些我不知道好坏的事，只害怕那些明知道坏的事。"（《申辩篇》

29b - c）苏格拉底掷地有声地说：

> 雅典公民们，真理就是这样：一个人的职位在哪里，不管
> 这是自己选定的，还是上级指派的，他都应该坚守在那里，面
> 对着危险，不考虑死亡，也放弃其他顾虑，决不让荣誉受到损
> 害。（《申辩篇》28d）

智慧与虔诚，在这里呈现出了它们的关联。自知无知的苏格拉
底，面临各种流言，生活在死亡无所不在的影子之中，但仍然忠诚
于神谕。自知无知才是虔诚之心！什么是虔诚？追随神谕！在这
里，苏格拉底回答了雅典人和梅雷多们对他的第一项指控"亵渎神
灵"。虔诚就是任受神灵驱使，神灵说什么，就受差遣去做什么，
不辞生死，不计利害，不思得失。虔诚是先知的冠冕，真理是先知
的职位。先知苏格拉底守望真理，即使这些守望面临死亡的威胁。
这里再次触及真理的吊诡之处：要守望，就必经历死亡；经历死
亡，才得见永生；永生在于解蔽死亡加于己身的虚假威胁，这样方
有真理的澄明。先知苏格拉底不仅自己最终明白了这番道理，并且
生死以待，而且他迫使雅典人去看见自己的虚无，盼望他们能够像
他那样追随真理。

5　哲学和青年

在法庭上的苏格拉底，不见丝毫疲惫。

他被指控的另一项罪名是：败坏青年，或者说毒害青年。

苏格拉底再次施展反讽妙手，向着梅雷多展开一系列的诘问。为了置苏格拉底于死亡的绝地，梅雷多同意了苏格拉底的这一系列推论，而他同意这一系列推论的结果是，令他自己得到一个荒谬的结论。这个荒谬的结论又使梅雷多的指控变得难以置信。

苏格拉底的推论如下。教育青年尽量学好是城邦最重要的事务，也是每个人最重要的事务。谁能教育青年学好呢？在苏格拉底的一再催促下，梅雷多无奈地回答说是"法律教育青年学好"。谁懂得法律呢？为了讨好雅典公民们，梅雷多就说"是在座的法官"。是在座的所有法官还是部分的在座法官呢？梅雷多已经没有退路，"是在座的所有法官"。雅典公民不仅指在审判席上的还有旁听席上的，那么这些旁听者是教育青年学好还是学坏呢？当头一棒之外再横加一棍，梅雷多几乎昏厥过去，"他们也帮助青年学好"。还没完呢！那么元老们、议员们他们是帮助青年还是毒害青年呢？"他们都帮助青年学好"。这样推论的结果是，除苏格拉底之外，所有雅典人全都帮助青年学好，"只有我一个人毒害青年。你是这样想的吧？"（《申辩篇》25b）

恐怕连秦始皇兵马俑听了，都无法用千年的陶石掩饰内心的窘境了！

然而，如果我们认为苏格拉底只是为了调侃下梅雷多，才如此盘问他，那就没有真正理解苏格拉底！真理才是反讽法的黄钟大吕。苏格拉底所要探讨的是谁能够真正地承担起教导青年的责任。这当然是一个城邦的重大命题，关乎城邦的长治久安和繁荣昌盛。

在当时的雅典，每个人都认为他自己能够教导青年，就如每个父母所认为的他们总是比别人知道什么是对孩子好，一如梅雷多们轻率地认为的。还有一类人就是智者，他们认为他们能够教导青年人治国的智慧，他们在雅典备受追捧。当时来雅典赚取巨额学费的有高尔吉亚、普罗塔哥拉和希比亚等，他们都是智者。雅典人把青年的教育托付给这些智者，付了巨额费用还赔上无限的感激。也有一部分雅典人，他们非常慎重，他们探讨青年教育，虽然想自己教育却又不得其门而入，为此深感苦恼。柏拉图的《拉刻篇》就记载了苏格拉底与雅典政治家阿里斯得德的儿子吕西马柯、另外两位雅典将军尼基雅和拉刻探讨有关青年人教育的问题。文中的拉刻就是在德利恩战役中苏格拉底所救过的战友。这些雅典名流每天忙于处理本邦和盟邦的各种政务，但在教育孩子上又着实为难，因为他们自己说不出任何美好的事情，因此希望那时还年轻的苏格拉底提供教导青年最为合适的好方法。

在青年教育上，涉及两个主题：教导什么和谁来教导。

青年们渴望安邦定国，大展宏图，他们希望学习治国之道，而治国之道离不开正义。因此，智者们来教授正义，因为他们自诩为智慧之师。将军们希望孩子们学习战争的经验，但在战争经验上他们又看法相左。尼基雅认为体育锻炼和马术只是比赛运动员所需要的技艺，而武装格斗的人需要通晓指挥战斗的技艺。拉刻却表示反对，他以斯得西劳为例，此人自命为战术大师，但在具体军事操练中极其荒唐可笑，拉刻据此认为指挥战斗的技艺只是骗人的东西。苏格拉底则引导他们注意到青年们的学习不是具体的技艺，而是他们的灵魂，因此灵魂教育才是真正的教育之道。灵魂教育就涉及德性问题，然而在德性的关系例如勇敢、自制、审慎和智慧上，它们是独立的还是相关的，是一种德性还是不同的德性，又产生许多辩论。《拉刻篇》在讨论德性是什么、德性之间的关系是什么上无果而终，但是他们也得到一点共识，就是青年的灵魂教育并不是所有人都擅长的，非有专家不可能实施灵魂教育。

苏格拉底就把"谁是青年的导师"这样的问题册入与梅雷多的论辩之中。梅雷多在苏格拉底辩证法的追问之下节节退让，最后得到的结论是，苏格拉底一个人败坏了全雅典青年，这显然是任谁都无法相信的结论。然而苏格拉底没有就此止步，他用辩证法这把无影剑继续将梅雷多置于更加羞愧难当的局面。苏格拉底推论说：我们都同意坏人总是使同他来往的人受害，好人使人受益。如果他苏格拉底毒害青年，那么青年就会成为坏人，而他如果与坏青年交往，他就会受害。任何人都不希望他自己受害，因此苏格拉底要么根本不可能想着败坏青年，要么就是因为出于无心才败坏青年。无论出于哪一种情况，梅雷多们都是双料骗子。"假如我是无心地毒害了青年，法律不该因为这种无心的过错把一个人拖上公堂，只应把他私下叫来，训导一番，警告一下。因为很明显，我受到训导就不会去做那种无心做出的事了。可是你拒绝同我往来，拒绝训导我，不肯那样做，却把我拖上公堂，然而法律拖上公堂的是需要惩罚而不需要训导的人。"（《申辩篇》26a）

梅雷多啊，该惩罚的是你啊！苏格拉底没有败坏青年，你明知苏格拉底有错，却不教导于他。梅雷多啊，错的是你啊！

在苏格拉底辩证法的刀锋笼罩之下，梅雷多已经体无完肤！

6 苏格拉底的神谕

现在，亲爱的苏格拉底，应该来说说你那个神秘的灵机是怎么回事了。你常自称心中有一个声音与你说话。你为这个神灵引进了一个新神，这让雅典人民很不安啊！

梅雷多用调侃的语气并带着嘲笑的口吻指控苏格拉底老是说有一个灵机在他心里说话，并且他要跟随灵机的指示。"雅典人啊，你们看，苏格拉底不信神灵。这可是明显不过的证据。"苏格拉底反问梅雷多们：一个相信灵机的人，如何可能不相信神灵呢？因为所谓灵机是神灵与精灵或者别的凡人所生。既然如此，苏格拉底相信灵机的存在，也就必然相信神灵的存在，否则这就如同有人相信有马和驴生的骡子却不相信有马和驴一样。

苏格拉底的灵机是"一个声音"，这是全雅典人都知道的。这个声音从小就临到他身上，并且他也从小就感受到它。并且非常奇怪的是，这个灵机只对他说"不"而从不命令他去做什么事情。因此除了灵机说"不"的事情之外，苏格拉底就拥有最大的自由。凡是灵机不说"不"的，苏格拉底都可以做而且应该去做。那么什么是灵机对他所说的"不"呢？灵机不允许苏格拉底从政。"因为你们知道，雅典公民们，我如果很久以前就从政，那就早已被处死，不能给你们或者给我自己做什么好事了。"（《申辩篇》31d－e）苏格拉底这样做并不是因为怕死，而是灵机要他去完成其他的事情。他有例为证。苏格拉底是安底启奥族的，雅典议会由十族轮值主席，每族有 36 天时间主持议会。那次正是苏格拉底为轮值主席，而议会其他议员要想集体审判十位将军未海葬阵亡士兵的案件。这个案件出自公元前 406 年雅典与斯巴达的海战，雅典是战胜方，但是由于海浪险急，海军将领们没能收葬阵亡将士。但是，如果判十将军死，就相当于自毁长城，苏格拉底坚决反对，主席团里面所有人都投了赞成票，只有苏格拉底投了反对票。苏格拉底以此来证明他从来都不辞危难，但也说明从事政治的危险。因为政治直接面对不正义，政治也直接招致不正义施加于己身。因此任何的不正义里面都蕴含着不虔诚，虔诚与正义之间有着不可分解的关系。"你们想想，我要是担任公职，刚正不阿，一心维护公道，以为至关重要，还能活到那么大年纪吗？当然不能，雅典公民们，这是谁都办不到的。"（《申辩篇》32e－33a）

那么"灵机"给出的苏格拉底的自由是什么呢？除了不从事政治，苏格拉底都是自由的。那么什么是苏格拉底所拥有的神谕与这自由的关系呢？这神谕就是透过凯瑞奉在德尔斐的神庙的签传递给苏格拉底的，就是命令他终生研究哲学，考查自己并且考查别人，这会令许多人感到奇怪，"我走来走去，干预别人的事务，以私人身份提出劝告，却不敢参加议院，向城邦提意见"（《申辩篇》31c）。这种非政治的神谕指向灵魂秩序的塑造。在哲学与神谕之间存在某种有趣的关联，也就是透过重塑生活方式而思考真理，透过重建心灵秩序重塑正义，通过重塑公民而革新城邦。重建心灵秩

序，在于过神一样的生活，就是过正义的生活。哲学的生活就是正
义的生活，领受神谕就是要过一种哲学的生活方式，并且督促雅典
人都起来过一种哲学的生活。"雅典公民们，我敬爱你们，但是我
要服从神灵胜过服从你们，只要我还有口气，还能动弹，我决不会
放弃哲学，决不停止对你们劝告，停止给我遇到的你们任何人指出
真理。"（《申辩篇》29d）无论是个人还是城邦，都必须奠基于正义
的秩序之上。

7　神谕和价值重估

　　苏格拉底所领受的神谕，就是过一种哲学的生活。神谕不只是
要求苏格拉底过一种哲学的生活，也要求苏格拉底敦促雅典人过一
种哲学的生活。哲学的生活与雅典城邦的兴盛关系重大，雅典是最
伟大的城邦，以智慧和力量闻名当世。如果雅典人只关心获取钱
财、斤斤于名声和各种荣誉，却不关心也不想到智慧、真理和自己
的灵魂，就应该为此感到百般的羞愧。

　　然而现在雅典人就处在非哲学的生活状态，雅典人乐意沉浮于
欲海和俗海的各种事务，并且自以为握有真理，自以为懂得哲学。
这就把雅典城邦引向极其危险的状态，也把每个雅典人引向毁灭。
"如果你们中间有人要辩论，说他关心，我是不会随便放他走的，
我自己也不走，我要询问他，考问他，盘问他，如果发现他自称有
德行而实际没有，就指责他轻视最重要的东西，看重没什么价值的

东西。我要逢人就这样做，不管老幼，也不管是外乡人还是本邦人，尤其对本邦人，因为你们跟我关系近。因为，你们都知道，是神灵命令我这样做的。"（《申辩篇》29e - 30a）苏格拉底认为神谕命令他要苏醒雅典人的灵魂，真理的生活在于使灵魂兴盛，而不是让灵魂浸满了欲望。

要过哲学的生活方式，首先要重估价值！

苏格拉底就是先要帮助雅典人重估其生活的价值。重估价值，先要考查现在的生活方式。但是雅典人只关心他们眼前的生活，眼前的生活就是由现在的生活价值展现出来的，雅典人关心的生活其实就是他们自己的生活日用品，他们并不关心真正的生活方式。关心生活的日用品，关心的是每天生活的有形部分，就是把生命与有形生活等同起来，任由生命为有形生活所吞没。所谓有形生活，就是日常的钱财、吃喝、荣誉、地位、权力，还有就是孩子、老婆和各种朋友圈等。我们每天都在关心什么呢？我们关心的是什么，我们的心也就在那里。我们关心的是世界，我们的心也就是在世界里。世界就是眼目之心，我们所关心的就是我们眼目的世界，满足眼目的需要。然而人们的眼目是不可能得到满足的，因为眼目关心的是变化、生灭的事物，那是不可能有停留也不可能永久满足的。当雅典人关心的只是他们自己的生活日用品时，他们就在关心他们的必死性，他们想用这种关心来拯救他们自己的必死性，就更加使他们生活在非真理的状态，"凡愚昧人，他的劳碌使自己困乏。因为连进城的路他也不知道"（《传道书》10：15）。

　　我相信这个城邦里发生的最大的好事无过于我执行神的命

令了。因为我来来往往所做的无非是劝告各位，劝告青年人和老年人，不要只关心自己的身体和财产，轻视自己的灵魂；我跟你们说，美德并非来自钱财，钱财和一切公私福利都来自美德。(《申辩篇》30a－b)

雅典人现在普遍地沉沦于非真理状态，他们离开了哲学，就轻视自己的灵魂，他们关心自己的身体胜过他们的灵魂。重估价值就是重估身体和灵魂哪一种更加根本，哪一种才是价值的根源。神差遣苏格拉底来执行这条神谕，就是让雅典人重估美德与钱财孰轻孰重，身体和灵魂孰优孰劣。重估价值就在于重新确定美好生活的根源，或者说就是确定什么是幸福，尔后才能够引导人们走向真理。钱财是美好生活的根源吗？不是，钱财源自美德！如此推论，灵魂的益处来自身体吗？不是，身体的益处来自灵魂！幸福根源于灵魂的秩序，根源于美德！要重估雅典人所处的生活状态，让他们的灵魂重获生命的不朽之感。

然而，雅典人认为他们知道什么是美好生活，雅典人自以为有智慧，他们的耳朵听不见神的声音。要苏醒雅典人的灵魂，就必须让他们知道自己的无知，先得让他们了解自己灵魂的贫乏状态。而要让他们了解自己灵魂的贫乏，就得使用辩证法，使用反讽的方法。这种方法是从他们自己的观点得到源自他们观点的推论，他们可以依着他们的推论看到他们自己灵魂的空洞，从而真正转向真理。人的灵魂是为真理预备的，人的灵魂是向着真理才显示光芒的。苏格拉底考查别人，也考查自己。他发现他自己的灵魂同样赤贫，当一个人意识到自己无知时，他就已经在靠近真理了，或者至少他向真理展现出开放的态度，他是在准备以真理为他生活的价值了。因此，这条神谕的真正意思是：

> 雅典公民们，就是这一番查访给我引来了很多人的敌意，非常苛刻，非常毒辣，它也给我招来很多诽谤，使人家说我是智慧的。因为在旁观的人看来，我既然说别人对某事无知，那就一定是我本人对这件事有智慧了。其实，公民们，只有神才是真正智慧的，他的神签的用意是说："人的智慧价值不大，甚至毫无价值。"看来他并不是真说苏格拉底的智慧，只是用我的名字当作例子，意思大概是说："凡人哪，你们中间那个像苏格拉底这样的人，是最有智慧的，他承认自己在智慧方面实际上毫无价值。"（《申辩篇》23a）

智慧是吊诡的。进入吊诡，进入自我省思，就由身体进入灵魂。智慧的人意识到自己的无知，当灵魂展示出空洞时，灵魂就察觉到它自己所陷入的世界是个骗局，兴盛的灵魂总是意识到自己的贫乏。"智慧人的口，说出恩言。愚昧人的嘴，吞灭自己。"（《传道书》10：12）人的灵魂的价值不根源于他自己，自身无根的知识毫无价值，因为这样的灵魂无法以智慧为目的。只有以真理为目的才有灵魂的满足，灵魂为获求真理而生，然而现在灵魂被引向了世界。灵魂南辕北辙。那个作为目的的事物不在灵魂里面了，那个作为目的的存在是神，当灵魂以神为满足时，灵魂才能真正得以满足，正如《圣经》所谓："敬畏耶和华，是智慧的开端。认识至圣者，便是聪明。"（《箴言》9：10）苏格拉底也说："我相信这个城邦里最大的好事无过于我执行神的命令了。"

因此什么是智慧呢？智慧来自神，不以自己的所知为智慧。克尔恺郭尔称苏格拉底是破折号，是非常有洞见的。苏格拉底在雅典这智慧之地看见的是人智慧的废墟，古希腊的精神在苏格拉底这里为与希伯来文明的相遇预备了机会，古希腊的先知苏格拉底在邀请希伯来真理的来临。

8　哲学的智慧和反思的生活

如果苏格拉底认为神谕就是过哲学的生活，那么哲学的生活又是什么样的呢？苏格拉底如是说："人所能做的最大的好事，就是天天谈美德以及其他你们听见我谈的东西，对自己和别人进行考查，不经考查的生活是不值得过的。"（《申辩篇》38a）

哲学的生活就是经过考查的生活，就是经过反思的生活，就是反思的生活。反思是运用理性的活动，用理性审查日常生活中的心思意念以及行为后面的信念。在这个意义上说，反思的生活也是理性的生活。理性帮助我们去省思活动中的漏洞，这就如同用医学检查身体的机能失调的病症。但人们更容易犯的是思考的病症，它们包括概念的不完整性、推论的不合理性和情感的不适切性等，这些思想病症每时每刻都影响着我们，使我们不能对事情本身做出合乎真理的判断，使我们离开真理，使我们无法与我们自身以及其他事物保持美善的关系，并败坏与他人和世界的关系，败坏与神灵的关系。这世界的一切冲突都是离开真理的结果，离开了真理，恶就活跃起来。善的脆弱性就在于它虽然是善的，但是它受制于恶的活跃性。而任何的恶又是离开自我反思的结果，离开反思，就是把生活的责任、事情的因由归在他人之上，尤其是错误地归在他人身上。恶起于错误的归因，认为全世界都是自己的债务人，令我们的灵魂失去了正义的秩序，这才是灵魂贫乏的真正原因，以至于造成越来越多、越来越大的冲突，甚至是巨大的灾难。只有自我并且只为了自我的生活，终将是悲惨的。这个代价小到自身生命财产的损失，大到城邦和人类的毁灭。

一切皆由心而来！

良善之心，断不能离开反思！

反思的生活，未必能够始终生活在善中，但至少能够回到善的面前！

"你要保守你心，胜过保守一切，因为一生的果效，是由心发出。"（《箴言》4：23）反思的生活在于重建心灵秩序，心灵秩序决定事情走向。它是个体之善，也是世界之善。用理性重建心灵秩序，让心灵重新奠基在逻辑的严格活动之中。

反思的生活运用理性，在于善不只是某个人的宣称，善是彼此的联结，善是联结彼此的爱的活动，善始于爱，并且终于爱。

以友爱的讨论为例。

有一次苏格拉底与他的朋友哈赖克拉泰斯讨论友爱。哈赖克拉泰斯和哈赖丰是手足，但是兄弟反目。就人的自然血缘关系而言，手足之情受自然规定，是人类最原始的情感活动。苏格拉底劝勉哈赖克拉泰斯应该放弃对哈赖丰的厌恶之情，达成兄弟和解。苏格拉底与哈赖克拉泰斯的对谈如下①：

一个人应该把兄弟看得比财富更重要。因为财富是没有知觉的，兄弟是有知觉的；财富需要保护，兄弟能够提供保护；财富很多，但兄弟只有一个。如果有力量的人购买奴仆来和他们同工，结交朋友以便在需要的时候帮助他们，却不重视自己的兄弟，这是不可思议的。这会造成一个非常奇怪的现象：仿佛整个城邦的人民都可以做朋友，唯独兄弟不可以做朋友。从自然的角度讲，一起成长的兄弟更应该发展友爱精神，因为就连一同哺育起来的禽兽之间，尚且有友爱之情。既然如此，有什么能够妨碍哈赖克拉泰斯和哈赖丰两兄弟发展出友爱精神呢？如果没有什么东西能够妨碍，那么一定是哈赖克拉泰斯对友爱存在着错误的理解，而这恰恰需要透过反思的生活得到解决。

哈赖克拉泰斯陈明他憎恨兄弟哈赖丰的原因。他的兄弟哈赖丰并不是人憎人厌的人，相反，哈赖丰对别人都很友好，唯独对于他哈赖克拉泰斯，无论说话行事都总是没有帮助而只有害处。那么这种妨碍关系是否因为哈赖克拉泰斯呢？例如他不知道如何用好言相对，用好事回报，以致兄弟反目？不是，哈赖克拉泰斯认为由于哈赖丰是一个只想用言语和行为伤害他的人，因此他也就不可能用好言好事回应。然而这样做正常吗？不妨回想一下，一条狗向牧人猖狂叫，牧人常常是好意驯服它。何以一个兄弟，他所带来的益处远超过一条狗，却不能够使哈赖克拉泰斯好言好意相待他的兄

---

① 色诺芬：《回忆苏格拉底》，第 2 卷第 3 章第 1－19 行，第 56－60 页。

弟呢？

哈赖克拉泰斯称他没有这个魔力，使他能做到与哈赖丰的善意交流。然而善的魔力不是特殊的魔力，只需要运用理性反思所呈现出来的不受制于情绪的活动，只要用人所知道的方法就可以赢得他，使彼此之间有好感。这通常的方法就是他献祭请吃饭的时候要以理回报，也在献祭的时候请他来吃饭；他出门请人代为照管家务的时候，也在自己出门时请他代为照管家务；等等。在兄弟阋墙之时，哈赖克拉泰斯应该首先施惠，这样他就能够得到最多的称赞。哈赖克拉泰斯称没有想到苏格拉底竟然会提出这样的劝告，因为哈赖丰是兄长，而哈赖克拉泰斯是弟弟。哈赖克拉泰斯称理应年长的哈赖丰带头，年轻的他才好跟随。但是苏格拉底的理由是，任何时候年长和年轻的相遇时，年轻人当向年长者让路，兄弟之间也应同理而行。

色诺芬的著作没有记载哈赖克拉泰斯和哈赖丰两兄弟是否最终和好，但是理性作为反思活动的本质赫然可见。哈赖克拉泰斯自以为已经有足够的善，例如别人恶言就报以恶言，兄弟相处就当长者在先，然而这种所谓善并不蕴含着友爱的精神。也就是说，这种善都只是私己之善，而没有共同之善。共同之善才是爱，有爱才有真正的善。失去了公共之善，私己之善不过只是情绪，情绪总是让人丧失反思活动，任何情绪活动通常是在别人的身上看到错误的缘起，它是情绪错误归因的灵魂紊乱，总以为一切合理性都握于己手。

要过哲学的生活，就要活在理性的王权之下，让善总是承载爱，让生活不是在私己之善之下。智慧的生活在于善里面有爱的精神。

9　关心美德胜过生存

现在，苏格拉底要为他两项罪名的辩护收尾了！

苏格拉底提醒陪审团的成员们，虽然指控他两项罪名的是梅雷多们，可是梅雷多们没有资格指控他，真正指控苏格拉底的，是那些幕后的梅雷多们，是那些影子中的雅典人。然而那些影子中的雅典人也没有资格指控他，有资格指控的，只能是家中有青年人受到毒害的家庭和他们的家长。然而，没有这样的家庭指控他苏格拉底。现在在场的就有不少雅典的家庭，他们不仅没有控告苏格拉底，而且还乐意跟苏格拉底长期来往。在场的这样家庭有格黎东和他的儿子格黎多步洛、吕萨尼亚和他的儿子艾斯钦、安谛捧和他的儿子埃比根、泰奥左谛佗和他的儿子尼哥斯德拉多，此外在场的还有德谟陀哥的儿子巴拉洛、阿黎斯东的儿子阿兑满多和他的兄弟柏拉图，还有艾安多陀若和他的兄弟阿波罗陀若。如果苏格拉底真的如梅雷多们指控的那样毒害雅典青年，那么他们理应先站出来控告苏格拉底，然而他们没有。他们乐意听苏格拉底盘问那些自以为有智慧实际上并不智慧的人，那是因为他们心里明白梅雷多们说的是假话，而苏格拉底说的是真话：苏格拉底既没有毒害青年，也没有亵渎神灵。

此外能够说明苏格拉底虔诚的还表现在法庭上。雅典人在法庭为自己辩护时，经常携妻带子地来到法庭上，乞求法庭法外施仁。苏格拉底也有妻子和孩子。他有三个儿子，一个快成年，另两个尚在年幼。如果苏格拉底被判有罪或者死刑的话，其家庭生存堪忧。此前就曾有人在比苏格拉底现在这场官司还小得多的庭审中带了一些小儿女和众多亲友来博哀怜，然而苏格拉底没有，虽然他的处境十分危险。先不论苏格拉底是否怕死，他这样做的原因既是为了他自己的名誉，也是为了诸位陪审员的名誉。许多颇有声望的人在法庭受审时的表现可谓奇形怪状，似乎被判处死刑是件非常可怕的事，而能够免死就万古长存了似的。然而这样的人既是他们自己的耻辱，也使城邦蒙受耻辱。因为这会导致法官们徇情枉法，使人们养成背弃信守法律的恶习。当雅典公民这样做的时候，也就是当他们养成恶习的时候，他们就是不虔诚的，因为寻求恶是对神的不虔诚。

无论是就前面那些父子都在座的雅典家庭而言，还是就他不愿意扰乱法庭庭审的正义而言，苏格拉底认为这些都能够充分说明他的辩护：他并没有毒害青年也没有亵渎神灵，相反证明了他这样的人对雅典来说是非常独特的，因为像苏格拉底这样的人是不可替代的。苏格拉底是神赐给雅典人的礼物，彰显着神对雅典人的关心。"我多年来不理个人的私利，不顾一己的私利，经常为你们的利益奔波，一个一个地帮助你们，像父兄对待子弟一样，敦促你们关心美德，这怎能是出于个人的私利？"（《申辩篇》31b）

苏格拉底打住了他的辩护，眼睛平静如水，没有一丝波澜，静待着雅典法庭的第一轮宣判。

10 用正义重塑心灵秩序

在原告方和被告方第一轮陈词之后，雅典法庭做出第一轮判决。雅典法庭以 281 票比 220 票判决苏格拉底有罪。原告和被告可以提出各自的刑罚诉求，梅雷多们要求判苏格拉底死刑。

《申辩篇》的读者们如果在这里稍作停留，一定能够有所理解人心的复杂和险恶。苏格拉底的第一轮申辩是向着全雅典人的申辩，因为能够置他于死地的不会是梅雷多们，真正指控他的也不是梅雷多们，而是那些埋伏在影子中的雅典人，就是那些他曾经因着神谕考查过的雅典人以及那些为流言所蛊惑的雅典人。坐在法庭上的一部分陪审员，就是那些听闻过苏格拉底流言的人，他们是同样深受流言控制的雅典公民。他们深信这些流言是真的，他们就如同生活在洞穴里面的人，深信他们眼前始终晃动着的影子就是事情本身，他们看不清楚它们只是其他人所投下的影子。然而影子除了有事情本身的一些实相，更带着事情本身之外的样子。影子永远是不完全真实的。完全的不真实不可怕，因为没有太多人会真正地相信完全不真实的流言，但是不完全真实是可怕的，因为它包含着人们相信的真实因素，而这些真实又帮助不真实隐去其不真实性，使不真实的也被视为真实。带着真实的虚假是可怕的不真实，影子都是带着事物真实性的传言，影子因为有着事情本身的轮廓，它就以真实性来装饰它自身的不真实。生活在影子里面的人，是生活在虚假的真实里面的人。"雅典公民们！现在我要为自己辩护，尽快地清除掉你们心里很久以来所获得的偏见。我希望进行得顺利，因为这对你们有利，也对我有利，能帮助我打赢官司。但是我知道这很难做到，并不盲目乐观。成败如何，要听神灵的意旨；我应当服从法律，进行答辩。"（《申辩篇》19a）苏格拉底还是乐观了些，他毕竟对人性还是过于乐观了些，虽然他知道人性的险恶。有时候，我们就是不知道，我们与这些影子中的人并没有真正的交集，或者即使有些交集，我们也没有表露任何的恶意，但是有些人就是对我们抱着深深的恶意，并且是置我们于死地的恶意。无法想象，梅雷多们只是在智慧之争上与苏格拉底有着交锋，其他人甚至可能与苏格拉底都没有过任何交集，甚至可能就没有谈过话，但是在这轮辩护之后，仍然有半数以上的人判苏格拉底有罪。

险恶的人心，失序的心灵，总是支配着判断力的方向。

这是雅典民主制的代价，民主有时候也会把正义置于被告审判席上。然而这并不意味着民主制本身代表着不正义，它只是意味着民主制需要得到完善。苏格拉底本身就是民主制的支持者，他生活在民主制之下，也得益于雅典的民主，但是雅典的民主制需要修正。

苏格拉底的修正药方是，用理性的心灵秩序来矫正制度正义的缺陷，实现灵魂的启蒙。然而许多时候，人都是自大的。自大的人拒绝启蒙。这就是思想的代价。思想的代价在于献上他们的先知为真理之祭。不仅希腊如此、希伯来如此，其他文明也是如此。不仅古代如此、近代如此，如果人类文明继续发展，仍然会如此。然而这也绝不意味着恶将在人类文明史中最终得逞，毕竟善是恶的根源，恶无法离开善而独自存在。

历史也确是如此，善作为人类法庭的最终价值还是悬挂在雅典人头顶之上。历史上那些杀害先知的，那些欲谋杀正义的，最终都被置于人类文明史的被告席上加以考问。当柏拉图写作这篇《申辩篇》的时候，他就是把那些审判苏格拉底的法官放在人类文明史的长河中加以考问，而且一直考问到现在。柏拉图考问的是，为何恶居于人心的力量是如此顽固、如此强大并且总是能够得逞？为何恶施加其力量的时候似乎更显出力量的特性，而善在恶里面总是如此脆弱甚至无力？也许任何民族和文明的先知，他们实在走得太快，他们超出了时代？也许理性总是在情绪之后才会到来？先知在他们的结局还没有到来时就指出了他们的结局，在时代到来之前就向他们指出危局，这使得任何时代的愚昧都无法容忍显明它们的愚昧的声音。先知的声音如同咒语一样使他们无法承受，他们只有让先知那考问他们灵魂的声音消失，他们才能苟安于世。也许人类的文明史，并非只有雅典法庭，它们都是先知的祭坛。

在苏格拉底死后，雅典人确实很快就后悔了。然而现在，雅典人要判苏格拉底有罪，梅雷多们已经提出死刑判决的请求，苏格拉底也要请求法庭判决的方案。苏格拉底不认为自己有罪，他认为他自己应该得到去国宾馆用餐的奖赏。他不会提出去监狱的请求，因为他没有罪，他也不会要求给那些狱吏们做奴隶；他也不会提出罚锾，因为他没有钱；他也不会提出流放，因为如果本土本乡的人都受不了他的举止言谈，更何况异国他乡；他更不会保持沉默，因为他必须得服从神谕，就是要坚持考查雅典人，让他们知道不经考查的生活是不值得过的。最后在朋友们的担保下，苏格拉底才同意罚镪三十两。

11 生死和真理

雅典法庭被彻底激怒了。陪审团第二次裁决，判处苏格拉底死刑。法庭以 361 票比 140 票裁决苏格拉底死刑，苏格拉底死刑得票数居然比第一轮判他有罪的多了 80 票。

也许雅典人已经厌倦了他们的先知苏格拉底。

无论如何，苏格拉底的不认罪彻底激怒了雅典法庭。

苏格拉底向着雅典人发出预言，这预言虽是责备雅典人的恶，却是善的呼声。

> 给我判刑的各位啊，现在我要向你们发出预言，因为我正当多数人发预言的时刻，正在临死之前。杀害我的各位啊，我跟你们说，我死以后，惩罚立刻就来到你们身上，其酷烈的程度，皇天在上，要远远超过你们加在我身上的死刑。你们现在对我做下这事，是希望免得交代自己的生平所为，可是我说你们会发现结果适得其反。将来逼你们交代的人比以往多得多，这些人我一直阻拦着，你们还不知道。他们会比较严厉，因为他们年纪比较轻，你们会比较难堪。如果你们以为用处死的办

法可以阻止人们指摘自己多行不义，那就错了。用这种办法逃避指摘，是根本办不到的，也是很不光彩的；最容易、最光彩的办法并不是压制别人，而是自己尽可能做好事。这就是我临行前对你们这些给我判刑的人的预言。（《申辩篇》39c－d）

人容易被激怒，正说明人并非如他自己所认为的有多理性。不理性才是人的真实的日常状态，非真理状态才是生活世界的真理。苏格拉底在法庭上发表了他的最后辩护。

雅典公民们，只费了那么一点时间，你们就赢得了千古骂名，那些意图诽谤我们城邦的人得以谴责你们杀害苏格拉底这个智慧的人；因为你们知道，那些意图诽谤你们的人要说我智慧，虽然我并不智慧。（《申辩篇》38c）

我之所以定罪，是由于缺少一样东西，但是缺少的不是言词，而是厚颜无耻，甘愿向你们说那些你们最爱听的话。（《申辩篇》38d）

我并不认为我在危险之中应当去做那不配自由人做的事，现在也不懊悔自己作了那样一个申辩，倒是宁愿作了那种申辩而死，不愿作出另一种申辩而生。（《申辩篇》38e－39a）

可是公民们，逃避死亡并不很难，逃避邪恶却难得多，因为邪恶跑得比死亡快。（《申辩篇》39b）

《申辩篇》虽然是柏拉图所作，但是一定保持了苏格拉底辩护的基本原貌。一个法庭上的苏格拉底，一个死亡刚刚临到其身的苏格拉底，一个仍然坦然自若的苏格拉底。人之恐惧死亡是天性，人之无惧死亡则是神性。绝大多数人都会把死亡当作坏事予以避免，想尽各种办法回避死亡。人很少或从来都不会为死亡做准备。因此在面临各种情况时，人总是以各种理由和运气心理，不愿意正面以对事情的最坏部分，以各种形式回避死亡，在心灵里面不去思考死亡。因此在死亡来临的时候，总是措手不及，以至于有各种奇形怪状的表现。然而有些人确是向着死亡而行，虽然他们具有与我们共同的自然天性，但是他们向着死亡而行，却是不受天性拘束的。出于天性，人是不能够在死亡面前安然自若的。苏格拉底就是如此去看的，他对那些投票主张释放他的雅典公民们说了如下一番话：

> 你们是我的朋友，我很想跟你们说说我遇到的那件事，说说它的意义。因为，法官们哪，我称呼你们法官是很对的，我遇到了一件奇事。以往，那灵机总是频繁地向我发出预告，甚至在一些细小的事情上，都常常制止我以不妥的方式去做。可是现在这件事，你们可以认为，人们一般也认为，是我身上发生的最不祥的事，然而神的朕兆在我早晨离家的时候，在我到这里走上法庭的时候，在我的发言说到任何一点的时候，都没有阻拦我。（《申辩篇》40a－b）

神谕并没有向苏格拉底发出拦阻，没有拦阻他所要说出的话，虽然这些话语把他引向死亡。神谕没有拦阻苏格拉底走向死亡，他也就无须惧怕死亡，因为死亡并非需要惧怕之事，因为死亡很有可能只是移居另外的地方。神谕既然没有拦阻苏格拉底去往那个地方，那么那一定是比现在更好的地方。当然死亡也可能是一场睡眠，没有什么比一夜安眠更令人感到甜美，因为人生活在无法安息的意念之中，甚至波斯国王都渴望一夜安眠胜过其他的日日夜夜。无论哪一种，死亡都是更美的栖息之地。如果死亡是迁往更好之地，那么意味着苏格拉底将会在那里与更好的人相遇，而在那里，苏格拉底将有机会考查那些正直的人，"同这些古人交谈和往来，对他们进行考查，将是无法估量的幸福"（《申辩篇》41c）。因此，正直的人需要抱着希望和乐观的态度去看待死亡，"一定要记住这一条真理：一个好人无论在生时或死后都不会遇到不祥，神灵并不忽视他的幸福"（《申辩篇》41d）。苏格拉底以为正是这个缘故，平时在他身上频频说话的灵机没有阻拦他发表走向死亡之辩。既然神引导苏格拉底走向更好的生活，他就既不抱怨控告他的人，也不抱怨判他有罪的人。"现在我们各走各路的时候到了：我去死，你们去活。这两条路哪一条比较好，谁也不清楚，只有神灵知道。"（《申辩篇》42a）

这是伟大的雅典公民、哲学家先知苏格拉底留在雅典法庭上的最后一句话。

《申辩篇》是柏拉图新悲剧中最被人熟知的一篇对话。有关苏格拉底最后日子的四篇对话篇篇精彩，然而《申辩篇》仍然是四篇对话中最精彩的篇章。它没有柏拉图其他对话的复杂的概念辨析和论证，呈现的也不是一个惯常使用问答法而对雄辩术反复诘问的苏格拉底，在这篇对话文章里面苏格拉底雄辩滔滔，苏格拉底反倒成了真正的雄辩家。真理总是隐藏着的，在这里，我们却看见了一个隐藏自己的苏格拉底。

苏格拉底向雅典法庭申述了他致力于考查雅典人的原因，这是神给他的使命。他从小的时候就有一个灵机在向他说话，禁止他做某些事，但允许他做禁止以外的所有事情。这神谕还借助于他的朋友凯瑞奉在德尔斐神庙求的签向他说话，称他为全希腊最有智慧的人。他为寻找其中原因，到处考查雅典公民，目的只在于证明神签是不正确的。然而考查的结果却相反，他确实在雅典人中没有发现一个智慧人，因为他们的所谓智慧其实就是他们没有智慧。他们虽然没有智慧，他们却自以为有智慧，这就显出愚昧来。世人皆如此，唯君独自醒。这就是苏格拉底遭雅典人嫉恨的原因，因为苏格拉底明白智慧的真谛是：

自知无知！

智慧是吊诡的！智慧的吊诡不在于知道什么，而在于知道无知并且承认无知。有智慧的人总是在等待真理，有智慧的人生活在等待之中。而知道自己无知的人，他不是处在非真理的状态，他恰恰处在真理的状态里面。那些自以为有智慧的人，却是处在非真理的状态。非真理状态的生活是可怕的和悲惨的，因为他们身在恶中却不知道自己是恶的。苏格拉底秉承着神谕，要苏醒雅典人过灵魂兴盛的生活。他考查全雅典人，就是要让他们过一种反思的生活，因为反思的生活才能够看见灵魂的贫乏，看见生命根源于神而非自以为是的自我。

未经反思的生活是不值得过的！

因为未经反思的生活就是活在愚昧里的，而生活在愚昧里的人就是自承其恶。然而，世人大多如此。先知苏格拉底在雅典法庭上看见的是人类的命运，看见的是这种人类生存里面绵延久远的非真理的状态。人类最悲惨的状态就是他们惧怕死亡胜过惧怕邪恶，人们宁愿作恶也要逃避死亡，人们在这个世间的许多活动都是为了逃避死亡，但是他们很少意识到美好生活来自德性，他们在法庭上也是如此，愿意在法庭和死亡面前表现出各种奇形怪状的样子来，宁愿屈枉正义而逃避死亡。

德性即知识，唯有德性才配拥有美好生活！

苏格拉底留在雅典法庭上的这三大哲学命题，如同旷野呼声，仍然在人类文明的原野回荡，振聋发聩！

亲爱的朋友格黎东啊，我仿佛听到了这些话，就像哥汝班祭司听到神笛一样，如雷贯耳。

——柏拉图《格黎东篇》54d

要使你们歌唱的声音远离我。因为我不听你们弹琴的响声。

惟愿公平如大水滚滚，使公义如江河滔滔。

——《阿摩司书》5：23－24

正义，没有今生和往世之别

前往岱洛岛进香的船只不过数日就要返回雅典了。

雅典城邦有一个习俗，每年都会派船前往岱洛岛献祭。在船从雅典出发到回归雅典期间，城邦必须保持洁净，不能处死任何犯人。这种习俗传自雅典城邦国王英雄忒修斯。当年，雅典城邦因为得罪了神灵，每年都被迫要把七对童男童女送往克里特献给怪兽米诺陶洛斯。忒修斯决定终止这种残暴的献祭，有一年他和十四个年轻人一起前往克里特，希望杀死米诺陶洛斯。雅典人为此向阿波罗神发下誓言，如果这些人得救，他们就每年派人到岱洛岛进香。最后忒修斯在克里特公主的帮助下，进入迷宫成功杀死米诺陶洛斯。打那时起，雅典城邦就践行这个诺言，直到苏格拉底的时代都是如此。雅典人还立下法律：在香期开始以后，城邦必须洁净，不得处决任何人，直到进香船只从岱洛岛安全抵达雅典为止。香期开始之日，即是阿波罗的祭司为香船船尾悬挂花环之时。在苏格拉底受审的前一日，雅典已经举行了这种仪式。因为这个缘故，苏格拉底被判死刑之后，没有立即执行，而是在狱中度过了颇长的时间，大约有三十日。（《裴洞篇》58a－c）

苏格拉底的朋友们，已经听说香船第二天就要回雅典了。苏格拉底离世的时间近在眼前了。

天刚亮，苏格拉底的老朋友格黎东就来到狱中。自苏格拉底被囚狱中，他几乎每天都来与苏格拉底做伴。每天也有不少其他朋友来与苏格拉底做伴。只是这一天，格黎东来得特别早。

格黎东坐在苏格拉底的床边，良久地凝视着熟睡中的苏格拉底。他要劝苏格拉底越狱，让他今天就离开雅典城邦，去往他乡，不然他就将永远失去这位挚友了。朋友们已经做了充分的准备，不仅格黎东有足够的钱能够帮助苏格拉底逃走，还有好些外邦人都已经准备了充分的资助。忒拜城的辛弥亚就带来了足够金额的钱财，还有盖倍和许多其他人都有准备。苏格拉底和格黎东的许多其他城邦的朋友也都欢迎苏格拉底流亡到他们那里。至于那些告发苏格拉底的人，还有监狱的狱卒都可以轻易买通。然而，最重要的前提是苏格拉底要接受朋友们的建议。必须得尽快说服苏格拉底接受流亡计划！

光明渐起，苏格拉底从睡梦中苏醒过来。他看见了格黎东。苏格拉底会接受格黎东和朋友们的逃亡主张吗？

1 越狱：一个事关正义的问题

格黎东神情急切地向苏格拉底道出他应该流亡的原因。

就个人私谊而言，如果苏格拉底不逃走而被执行死刑，这将是格黎东的一场灾难。因为格黎东不仅会失去一位不可复得的挚友，而且别人会误解格黎东，以为他为了钱财，宁愿失去苏格拉底这样的朋友。这会导致格黎东名誉受损，因为没有比重财轻友更难听的恶名了。作为与格黎东从小一起长大的朋友，苏格拉底应该体贴格黎东的处境。为了格黎东的名誉所虑，苏格拉底应该逃走。

就苏格拉底个人而言，苏格拉底也应该逃走。苏格拉底在法庭上的辩论方式完全属于自暴自弃。苏格拉底本可以挽救自己，只要说几句软话，提出多罚些银钱，不激怒陪审团成员，审判就会是另一番的结果。然而苏格拉底却一心一意地按着仇人的心意把他自己送上死路。此外，苏格拉底这样做也是不负责任的，因为他的三个孩子都未成年，其中两个还在年幼。如果苏格拉底撒手人寰，他的孩子们也将尝尽人间艰辛。做父母的，有义务抚育孩子成年成人。苏格拉底此举，对格黎东而言，是选择了最偷懒的方法，有违他一贯的教导以及所主张的美德。

为朋友们所计，苏格拉底也应该越狱。苏格拉底若就此而死，将给朋友们留下无尽的遗憾，因为朋友们没有尽到责任，他们没有担负起调停的责任，任由事情往着最坏的方向发展。同时，还应考虑到苏格拉底的死将是雅典人的巨大损失，雅典城邦迟早会后悔处死苏格拉底的，这样的话，雅典城邦的损失就无可挽回了。为了给雅典城邦一个悔改的机会，苏格拉底应该接受逃亡建议。最后，格黎东恳切地说道：

> 你快考虑吧，没有多少时间考虑了。办法只有一个，别无选择。我们的全部措施必须在今晚实行，再迟延就要付之东流。苏格拉底呀，听我的话，照我说的办吧。（《格黎东篇》46a）①

苏格拉底静静地聆听着格黎东的劝导，看着他着急的神情。他完全懂得格黎东和朋友们的善意，生死对于许多人是艰难的抉择，然而于苏格拉底却并非如此。善恶是生与死的分界线，没有善恶，生死没有意义。一如法庭之上的安然自若，苏格拉底仍然处之泰然。"亲爱的格黎东啊，你对我的关怀如果合乎正道，那是非常可贵的；如果不合，那就越关心越难从命了。"（《格黎东篇》46b）人终其一生，无论是发生在自己身上还是发生在别人身上，无论是为人之学还是为己之学，首先都必须遵守哲学的生活方式，就只接受经过考查的结论，哪怕是在生死攸关的时刻。因为生活得不正确要比单纯地活着更加可怕。人首先应该选择的是生活得正确，而不是只为了活着，"因为诚命是灯，法则是光，训诲的责备是生命的道"（《箴言》6：23）。活着只是身体的存废，而生活得正确则是让灵魂

---

① 本书引用的《格黎东篇》均出自如下译本：《柏拉图对话集》，王太庆译，商务印书馆，2004。

始终保持着直立向上的姿势。让灵魂在这个世界始终保持着直立向上的姿势，就是灵魂的正义秩序，是正确的生活方式，因为它使人生活得高贵并且传递正义。

虽然那么多朋友提出来要帮助苏格拉底逃出雅典，并且也为苏格拉底逃亡做好了准备，但是逃亡是否合乎真理，是否合乎正义，这才是至关重要的问题。在逃亡问题上，同样需要经过理性的审查，而不是听从众人的意见。众人的意见通常让人做最大的坏事，因为众人是这样的人，他们经常把一个小的坏事扩展成为大的坏事，把隐在的恶当成合理的善来赞颂。"众人"是既不能够让人更明白也不能够让人更糊涂的人，他们就是常人，是中间状态的人。他们只是墙头草，风吹两边倒而已，他们其实没有什么思考，他们是失去了思想能力的人，用海德格尔的话说他们只是常人或者说平均状态的人，用尼采的话说他们就是"末人"，也就是没有真理观念的人。"好心的格黎东啊，我们何必考虑众人的意见呢？应当听从的是那些最优秀的人的看法，他们会相信事实的真相。"（《格黎东篇》44c）在真理问题上，听从一群失去了思想能力的众人，那就极其危险，因为这些人没有正确生活的观念，他们只是苟活着，并且通常是付上正义的代价。因此，要警惕常人，要警惕那些众人，他们是真理的遮蔽者，不能够让真理显明出来。

要回到真理上面，而不是追随众人的意见；要接受理性的考查，即使生命危在旦夕也是如此。要让苏格拉底接受逃亡的主张，先得经过思想法庭有关正义问题的审查。

2 正义是美善的尺度

格黎东同意苏格拉底的建议，两人共同理性地考查越狱的正义性。理性地对待越狱，是否接受越狱，不在于这是谁提出来的建议，也不在于有多少人支持这样的建议，而在于它是否合乎理性。"我们首先必须考虑是不是应当照你说的那样做。因为我不但现在奉行、而且一贯遵守的原则是听从道理，凡是经过研究见到无可非议的道理我就拳拳服膺。"（《格黎东篇》46b）越狱是否合乎理性，在于它是否合乎正义。正义是理性的尺度。凡理性的必须是正义的，因为正义意味着不偏离事物本身的"所是"。

"正义"是所有道理中的最基本道理，是所有德性的总和。

诚然，可能人们并非真的喜欢正义，如《理想国》中坚持"强者正义论"*的色拉叙马霍斯之所谓：人们接受正义，不是因为喜欢正义，而是更害怕不正义。不正义让所有人都受伤害，即使最强者也有力衰之时，也害怕受不正义之苦，因此他们接受正义是被逼的。就此而论，正义只是一种精明的判断而已。在社会的现实生活中，许多人更愿意选择不正义的生活，因为似乎选择不正义才是明智的，因为不正义似乎非常好用并总使人得益。人们真正喜欢的不是正义，而是不正义。城邦和各种社会生活的极端者就是如此。极端的不正义就是窃国者的暴政，对公家的和私人的、神圣的和普通的，肆无忌惮地巧取豪夺。平常人犯了错误，查出来后，不仅受罚而且名誉扫地，诚所谓窃国者为诸侯，窃钩者遭诛杀。在现实生活中，似乎确实如此，"不正义的事只要干得大，是比正义更有力，更如意，更气派"(《理想国》344c)。不正义的人干得好，还能够以正义为名，以正义为装束。因此，在现实生活中，不正义的人反而似乎更明智和更有益。正因为如此，不正义不仅不是不道德的，而且显现为道德和智慧，能欺骗人。(《理想国》349a)人们嘴中说的正义其实是不正义。也许，常人的观点是正确的。也许人们确实喜欢色拉叙马霍斯的观点：人们喜欢不正义胜过正义，不正义才是人类所有道理中最基本的道理，只是为免自己的利益受损，人们被迫接受正义而已。

即使人们喜欢的是不正义，是否就意味着不正义应该是人类社会和生活的基石呢？苏格拉底透过一系列复杂的论证，反驳了这个观点，证明正义才是所有道理中最基本的，因为一个正义者不想胜过另外的正义者，但是一个不正义者却想胜过其他的不正义者。可见，一个正义者不想胜过同类，而一个不正义者却既想胜过同类也想胜过异类。因此一个正义者与正义同类，就是一个有知识的人在言行方面与知识同类，而一个不正义者与不正义同类，就如一个无知识的人与愚蠢是同类的。这就可以得出结论，正义者与知识和善同类，而不正义者与无知识和愚蠢同类。这又证明了正义是善与智慧，而不正义是愚昧无知。不正义既然不可能是智慧和道德的基础，它自身也就不可能是智慧和道德。没有一个人喜欢愚蠢，也没有一个人喜欢别人对他不正义，就说明没有人喜欢不正义。

因此，在苏格拉底看来，人类热爱的一定是正义，他们也一定厌恶不正义。一个城邦、一支军队，甚至一伙盗贼或者任何集团他们想要成功，他们集团内部也必须遵守正义原则。如果他们彼此相处毫无正义，他们就不可能成功。如果一个人不正义，他也不会成功，因为不正义的人使他本人自相矛盾，拿不出主见，无法付诸行动，他与自己为敌并和正义者为敌。可见正义的人确实更聪明能干，而不正义的人根本不能合作。正义者不仅使人快乐也使自己快乐，而不正义使人痛苦也使自己痛苦。既然没有人喜欢痛苦，不正义又使人痛苦，那么人们就不可能喜欢不正义；反之，无论是个人还是人类都是喜欢正义的。人们之所以看到日常生活状态中不正义者得益，并不是因为不正义本身被人喜欢，而是因为不正义披着正义的外衣。因此人们看起来喜欢不正义，实际上他们喜欢的仍然是正义，因为不正义者也要以正义为名，才能实施他的不正义。

可见，无论是个人还是城邦共同体，它们的美善都奠基于正义。

3　正义在先，生死在后

那么"越狱"正义吗？

具体到苏格拉底这桩官司上，如果苏格拉底越狱，是否合乎正义呢？

所谓越狱，就是未征得雅典人同意释放便离开雅典。那么未经许可就离开雅典是正义的吗？由于人是受正义约束的，所有事情都必须合乎正义。如果不合乎正义，苏格拉底就不能越狱。这里还存在一个问题：是不是在任何情况下都不能做故意不正当的事？是不是在某情况下可以做不正当的事，而在某情况下不可以做？也就是说，正义是否具有条件性，视条件而定。从正义作为人类的基本法则而言，正义是不受条件约束的，也就是说人在任何情况下都不应该做故意不正当的事。因此，正义之为正义，正在于它的无条件性。

但是，是否会存在如下这种特殊情况，就是以恶报恶。以恶报恶是否可以呢？如果正义不受条件限制，就不可以"以恶报恶"。所谓以恶报恶，就是故意用不正当的事报复别人的不正当。"以恶报恶"也是故意做不正当的事情，虽然对方是恶的。"越狱"属于"以恶报恶"，也就是故意做不正当的事情。如果苏格拉底不经城邦同意擅自离开雅典，不仅对恶人做了不正当的事情，而且对城邦中的善人也做了不正当的事情。对恶人做了不正当的事情，就是"以恶报恶"，而前面已经证明"以恶报恶"是不正当的。"越狱"还对善人做了不正当的事，所谓善人就是奉公守法之人，越狱是不奉公守法的，因此是对善人做了不正当的事，这就是"以恶报善"了。显而易见的是，越狱既是"以恶报恶"，也是"以恶报善"。无论是哪一者，越狱都是既对恶人也对善人做了不正当的事情，因此是不正义的。

越狱最不正当的是它触犯了雅典城邦的法律。

雅典城邦和法律会感受到委屈，因为正是它们使得苏格拉底出生。如果没有法律，苏格拉底的父母不会婚娶，也就不会生育苏格拉底。如果没有法律，苏格拉底能否在生下来后存活也是一个问题，正是因为雅典法律规定生育之后父母必须抚养和教育孩子，而苏格拉底的父亲也根据法律对苏格拉底进行了音乐和健身教育，苏格拉底才得以成人。可见，雅典人和苏格拉底都是在法律之下，这也意味着所有雅典人都是法律的子孙和奴仆。既然如此，正如孩子与父亲并不具有平等的权利，如果某个人有一个主人，此人也不能与主人具有平等的权利，雅典人与苏格拉底及法律的关系也是如此。"我们将你判处死刑，认为判得公正，你就对我们进行报复，竭尽所能对祖国和法律进行颠覆，并且声称这样做是公正的吗，你这位真正喜爱美德的人？你那么智慧，怎么不知道祖国要比你的父母祖先高贵得多，是神灵和一切有识之士认为非常可敬、非常神圣的？对于盛怒中的祖国必须尊敬、服从、谦逊，有过于对待父亲，如果不能说服，就只有唯命是从，叫吃苦就吃苦，毫无怨言。"（《格黎东篇》51a-b）法律保证了苏格拉底的出生、受教育、成为公民、享有各种权利，法律实施了它的正义。如果苏格拉底越狱，那就是在践踏法律，而践踏法律就是推翻自己的祖国，就是不正义。

越狱的不正义还体现为如下三方面。雅典人成年后，在他熟悉了城邦和法律的治理情况后，任何时候都可以携带他的财物离开，雅典法律不予阻止。可是如果有人在看清了雅典公民是如何执行法律和管理城邦之后，仍然留在雅典不走，那么他事实上就与雅典取得了如下三方面的协议，而如果他违背这些协议，那也就意味着他违背了这三方面的协议。首先，他不服从那让他出生的法律；其次，他不服从那让他成长的法律；最后，在他同意服从法律之后，既不服从又不对法律进行说服活动，不指出雅典法律所存在的问题。如果苏格拉底越狱，他在上述三方面都是不正义的。况且从苏格拉底终生的活动范围来看，除了一次到地峡看竞技之外，从来没有离开本邦去看赛会，这就说明苏格拉底是满足于雅典的城邦和法律的，并决心按照雅典城邦的规定来过他的公民生活。苏格拉底赞同雅典法律，还体现在他为城邦繁衍后代。既然苏格拉底已经与法律取得了协议，同意依法过公民生活，现在违背协议图谋逃跑，是单方面撕毁与雅典的契约，那他就是不正义的。

越狱的不正义是否会随着时间而消失呢？越狱的不正义行为会永远烙着不正义的印记，会永远跟随着越狱者，它不会随着时间而抹除其行迹。如果苏格拉底逃往那些有着良好风气的城邦如克里特和拉格代孟，那么这些城邦不会欢迎苏格拉底，因为他会把不正义的教导带给城邦的青年人，使他们如同苏格拉底那样损害城邦的法律。那些帮着越狱的苏格拉底的朋友则会因此遭牵连，财产遭籍没。如果逃往那些法治极其糟糕的城邦，那里本就治理混乱，无法无天。如果苏格拉底穿着破烂混迹于人群中间，人们可能还会嘲笑他，说他这把年纪了还不惜把神圣的法律踩于脚下。如果在那里得罪了人，就得听那些不中听的话。因此，不要以为正义不会到来，虽然实施正义时总会受不正义的搅扰，但是不正义总在正义之下。况且即使苏格拉底在这世间逃过了正义的惩罚，能够不正义地生活到死，然而世上的法律还有其阴间的兄弟，这就是阴间的法律，它也一定不会善罢甘休，会在苏格拉底死后，对越狱者苏格拉底实施惩罚。

纵观以上种种论证，如果苏格拉底越狱，他就是不正义的。他不仅会为自己带来不正义的名声，受正义的惩罚，而且也为他的朋友们带来灾难。因此，苏格拉底借着雅典法律之口说出了下面这番话：

> 苏格拉底啊，听从我这教养你的法律吧，不要老想着儿子、生命等等事情，把它看得高于道义，这样你到了阴间才可以有道理为自己申辩。因为很明显，像你现在这样做，对你自己来说是既没有好处，也不正当，也不神圣的，对你的任何亲友也是这样，而且对你生前死后都不好。你现在死去，是遭到不公正的待遇而死，但这并非法律不公正，而是人不公正。如果你越狱潜逃，无耻地以不义报不义，以恶报恶，撕毁你跟我法律的协议，损害一群不该损害的人，即你自己、你的朋友、我们的祖国和法律，那我这个法律在你在世的时候就不会对你不生气，而且我的弟兄阴间的法律也决不会善待你，因为它知道你在竭尽全力毁灭我们。所以，你不要听从格黎东的话行事，听我的吧！（《格黎东篇》54b－d）

《格黎东篇》是柏拉图新悲剧的第三篇对话，也是四篇对话中篇幅最短的。对话的背景是，苏格拉底的朋友们得知雅典派去岱洛岛进香的香船第二日就要在雅典靠岸，因此苏格拉底这日就要被处死。然而苏格拉底告诉格黎东，他梦中得到神谕，进香船要在第三日才会回到雅典。情况也确实如苏格拉底所预言的。但是无论如何，苏格拉底的生死迫在眉睫。

　　人在生离死别面前，总是会把生死作为最优先的主题。对苏格拉底的朋友们而言是如此，对我们芸芸众生而言也是如此。如果有办法可循，绝大多数人也总是优先选择生而逃避死亡的。苏格拉底的朋友们如是，我们世人中的绝大多数也是如此。苏格拉底的朋友们完全有能力帮助苏格拉底越狱，对他们而言，无论于友情、苏格拉底的家庭，还是雅典城邦，都是好事，况且他们根本就不认可雅典法庭的审判，并且他们也确实预见到雅典人会后悔。如果我们是苏格拉底的朋友，恐怕也会采取类似的思考方式。在生死面前，正义常是居后的。

　　然而，苏格拉底并不这么看。

　　生死面前，正义优先。正义优先于生死。没有正义，生死不足道。

　　于是就有了这篇《格黎东篇》。《格黎东篇》讨论的是正义，是在生死迫在眉睫时讨论正义。这对许多人而言实在是迂腐的，但是对苏格拉底来说则是自然而然的。格黎东力劝苏格拉底接受他和朋友们的建议，越狱逃走，苏格拉底则坚持要与格黎东先讨论越狱的正义性。在《格黎东篇》的前半段，格黎东还参与了讨论。但是很快，这个短篇对话就演变成了苏格拉底与假想中的雅典法律有关正义的对话。苏格拉底本人不断从假想的雅典法律方面向准备越狱的苏格拉底提问，最后又转换成雅典法律对苏格拉底的训诫。整个对话无论是在道理上、逻辑上、法理上还是在情感上，都洋溢着一种至大至正的精神。即使是那些不喜欢苏格拉底的人，即使是那些不喜欢正义的人，即使是那些由于恐惧不正义而被迫接受正义的人，也一定会深深地被苏格拉底对正义的热爱感染。在《格黎东篇》的全部对话中，读者们能够切身地体会到热爱正义是多么幸福的事情。正义不仅是一种理性，也是一种情感，它完全支配了苏格拉底。最后，苏格拉底说："亲爱的朋友格黎东啊，我仿佛听到了这些话，就像哥汝班祭司听到神笛一样，如雷贯耳。因为这些话的声音在我耳朵里强烈鸣响，使我听不进其他的话语。这就是我现在的感情，你那些劝阻的话通通对我不起作用。"（《格黎东篇》54d）哥汝班是阿波罗神的祭司，读者们可以看到苏格拉底这位神的先知，为正义所充溢的幸福之感，因为"惟有公义，能救人脱离死亡"（《箴言》10：2）。对这位先知而言，正义不单纯是逻辑，正义更不是单纯的推论活动，正义就是整个灵魂里的圣洁之音。

瞧，我的戏也快收场了。我已经写不完了。我无法知道它的结局。这已经不是戏。这是生活。

生活里是没有观众的。

幕已经揭开。

人们，我是爱你们的！你们可要警惕啊！

——伏契克《绞刑架下的报告》

这种鸟感到自己行将死去的时候唱得比一生中任何时候更嘹亮、更动听，因为它高兴自己就要到所侍奉的神面前。可是人由于自己怕死，却对天鹅加以曲解，说它唱出最后的歌是为了哀悼自己行将死亡。他们没有考虑到鸟在饥饿、寒冷或其他困扰时是不唱的；连夜莺、燕子和戴胜这些号称唱哀歌的鸟类也是不唱的。我不信它们由于悲哀而歌唱，天鹅也不悲歌；可是它们是阿波罗的鸟，我相信它们有预见的能力，由于预知另一世界的福祉，在那一天是会比以前任何时候更加欢畅的。

——柏拉图《斐洞篇》84d-85b

但义人的路，好像黎明的光，越照越明，直到日午。

——《箴言》4：18

灵魂不朽与生死辩证

这天很早，苏格拉底的朋友们很早就来到审判法庭，那里离监狱很近。他们通常在拂晓前先集中，再一起去探望苏格拉底。这天，他们得知开往岱洛岛的香船已经回到了雅典。苏格拉底临刑的时间到了，他们到监狱的时间也特别早。

这是苏格拉底的最后一天。

这天来了不少人。在到来的朋友中，雅典本地人有裴洞、阿波罗多若、格黎多步洛、格黎东、赫尔谟根尼、艾比根尼、爱斯钦、安底斯滕、格底西波和梅内格森等，外地人有忒拜的辛弥亚、格贝、裴洞尼德、梅伽拉的欧雷德和德尔普雄。柏拉图当时病了，没有在场。裴洞是《裴洞篇》对话的主角，他曾经被俘为奴，辗转于困境之中，是苏格拉底让格黎东把他赎回成为自由民。裴洞回忆当时的场景说：

> 拿我来说，当时觉得很特别。我并不感到面对挚友临终时

的那种悲恸欲绝，因为这人显得非常幸福，艾克格拉底啊，他言谈举止都很安详，是很从容、很高尚地辞世的。因此我以为他之走向另一世界也是出于神意，他到了那里的时候会非常之好，有若天人。所以我并不感觉悲痛，不像人们临丧时自然流露的那样，同时我也不感到通常进行哲学讨论的那种快乐，不像谈到哲学那样欣喜若狂。有一种非常奇特的感觉笼罩着我，感到既乐又苦，因为心中想到我的朋友行将逝世了。我们这些在场的人都有同样的感受，时而欢笑，时而悲泣，特别是我们中间的那位阿波罗多若，你是知道他的为人的。（《裴洞篇》58e－59a）

悲欣交集的时刻！

苏格拉底临刑的日子！真理缺席的急迫性愈加清晰地被显明了出来。雅典人本来就活在无真理的状态，现在连那个指出他们过的是无真理生活状态的声音也要被清除，连传递这种声音的先知也都要被除灭。

黑暗至深！

1 死亡，哲学的最后乐章

还是从神谕开始。

苏格拉底一生的志业始于神谕，也终于神谕。

当朋友们进到狱中见苏格拉底的时候，苏格拉底已经被摘除了镣铐。他的妻子格桑底贝哭得死去活来。虽然格桑底贝常被形容为泼妇，但是苏格拉底与她相处挺好。苏格拉底曾经的追随者阿尔基弼亚德曾说格桑底贝的性格糟糕到不能容忍，苏格拉底说他已经听惯了，就如听风车连续不断的鸣响。有一回格桑底贝在市场上把苏格拉底的斗篷从背上扒下来，苏格拉底的朋友们要他送给格桑底贝两记耳光，苏格拉底幽默地说了一番话，拒绝了朋友们的建议。苏格拉底常说他和格桑底贝一起生活，就如骑手驯烈马，这样他就可以毫不费力地对付其余的马了。苏格拉底让格桑底贝平静下来，并请格黎东送她回家。

监狱中安静了下来，苏格拉底和他的朋友们开始了最后的哲学谈话。他从神谕开始，这次的神谕挺特别的。苏格拉底说一生不止一次地做梦，曾经不止一次地梦见神给他的同一句话："苏格拉底啊，制作和演奏音乐吧！"（《裴洞篇》60e）苏格拉底自称并不清楚这神谕的意思。在狱中的时候，苏格拉底再次梦中听见这神谕，就尝试着把伊索寓言改成诗歌。苏格拉底认为这梦就是鼓励他做这个工作。诗歌是音乐的艺术，哲学则是最伟大的一种音乐。苏格拉底毕生从事哲学，也就是从事音乐的艺术。现在，神谕召唤他回到音乐。因此"我想自己最好在辞世之前做应当做的事，即听从梦的命令，制作诗句"（《裴洞篇》61a）。音乐和哲学之间的联系，是颂歌的关系。苏格拉底这位先知，一生都在制作赞颂智慧之歌。

最后的一次哲学谈话！

最后的音乐乐章！

苏格拉底的最后一次谈论从哲学和音乐入手。他把哲学比作最重要的音乐乐章，哲学的乐章包罗万象，最重要的乐章是要考查自己的生活。如同苏格拉底在法庭辩护的时候，他把哲学的事业或者说他认为神给他的命令就是考查人的生活方式，考查他们的生活是否经过理性的反思，是否自知无知，是否过一种有德性的生活。这些都是有关于个人德性、公民德性和政治德性的，然而现在哲学要摆脱这些基于社群主题的谈论，踏入最后的乐章。

什么是哲学的最后乐章？

死亡！

对哲学家而言，死亡是哲学最后的乐章。人们通常把死亡看成是低沉而阴郁的，然而对哲学家苏格拉底而言，死亡是最华丽的乐章。死亡是所有人的必然性，人被称为必死的存在，死亡构成人的终极限制，所有人都将会面临死亡，如能在死亡面前起舞，那人就拥有主宰死亡的自由，那绝对是人生最华彩的时刻。苏格拉底生命的绝大部分时刻，都是作为雅典公民的苏格拉底，他注重考查的是人的共同体的品性，所领受的神谕亦是考查人们社群生活的正义性。然而现在是终末的时刻，苏格拉底与这个世界的一切社群关系马上都要被解除，他将拥有与这个世界无关的自由，拥有这个世界所不具有的自由，拥有这个世界无法达到的自由，华丽的乐章就将奏响。苏格拉底回到必死性的维度去思想哲学的事业，回到关于哲学的死亡谈论生命的音乐。哲学如何面对死亡，自由就将如何展开；哲学式的死亡是如何的，自由就将如何不朽。那么哲学容许自杀吗？毕竟人生在世，对大多数人而言，患难多于喜乐，"每一个对哲学真有兴趣的人都会这样。只是他并不会对自己下手，因为据说不容许这样做"（《裴洞篇》61c）。这里所谓"并不会对自己下手"，指的是"自杀"。如果说死亡是哲学音乐的最后乐章，那么自杀及其死亡形式就是这乐章的一个音符。苏格拉底有关死亡的谈论，就从自杀这个音符开始。

哲学要面对死亡，但是神谕不容许自杀。

为什么自杀不被容许？

苏格拉底先讲了一种秘密传授的教义：人生如在狱中，不能自己越狱潜逃。自杀就如越狱潜逃，如《格黎东篇》所已经讨论的，越狱是不正义的，自杀也是不正义的。然而苏格拉底是自杀的吗？他本有许多机会脱离死亡之路，现在却立即要走上死亡的结局。如果哲学的神谕不容许自杀，那么哲学面对死亡又是什么意思？面对死亡难道不就是容许自杀吗？

还是先回到有关自杀的合理性辩论上。有些人认为生不如死，认为死优于生。那为什么人不能对自己行此恩典即自杀，而非要等到另外的恩人来做即等到有人把他杀死才辞去人世呢？神谕既然不容许人对自己下手或者说不许自杀，又说一个哲人愿意追随死去的朋友，这又是什么意思？既然神是人类的守护者，人是神灵的所有物，那么与神灵在一起就是最美好的事情。那么一个真正智慧的人如苏格拉底本人，他领受神谕，为什么又抛弃神谕，也就是抛弃与神同工，而轻率地离开神灵，以至于轻易地与世上的朋友们分离呢？在死亡面前，有许多未尽的话题。这是一个极其错综复杂的乐章，自杀的音符已经带出了如此复杂的音乐织体。人在死亡面前的措手不及，以至于惊慌莫名岂是没有原因的？在何种意义上，我们能够说苏格拉底的自杀是哲学地面对死亡，但又不是自杀呢？

谈论死亡，还无可避免地要谈论来生。所谓来生，就是灵魂不朽。在谈论来生（灵魂不朽）前，先要谈论死亡；要谈论死亡，先要谈论自杀，苏格拉底本人就面对着这样的挑战，因为他看起来像是主动选择死亡的。如同格黎东责备苏格拉底的，他本来是完全可以活下去的，并且他也有义务活下去。他的两个孩子还很小，雅典城邦需要他，他的朋友们需要他。但是他抛弃了城邦、家人和朋友，轻率地离开，这也是《裴洞篇》的两位主要对话者格贝和辛弥亚所提出来的。如果苏格拉底主动地选择了死亡，那就相当于苏格拉底本人选择了自杀？如果是，那么苏格拉底的所行和他的所言就不一致。所有这些问题虽然无关于世俗的事务，但是无论如何还是与人间事务关联在一起。如何能够真正地拆除死亡和人类事务的关系，而纯粹自由地谈论自杀与人存在的意义的关系，那就能够真正地关系到人的存在的终末意义，这才是关于人作为存在的纯粹本质的辩护。人最终的辩护，就是在"死"前的辩护。死如果是一种善举，在什么意义上人的死能始终合乎善，并使灵魂始终泰然自若呢？

苏格拉底哲学谈话的最后乐章，就在死亡、自杀和灵魂不朽的织体之中。

2　哲学就是学习死亡

临刑前的苏格拉底，需要第二次申辩：为自己的死申辩。

　　苏格拉底称自己的这些朋友也是法官，这些法官正在审查他的死亡是否合乎哲学的一贯教导。这是一个由哲学家们构成的法庭，是有关于生死的纯粹意义的法庭，所谓纯粹意义就是只关生死，无关生死与世界的关系。这些苏格拉底的朋友是这个哲学法庭的法官，他们对于苏格拉底所表达的生死观念仍然充满了疑惑。纯粹意义上的死亡到底是什么？死亡对于人到底意味着什么？已经有许多人都经历了死亡，所有人都将经历死亡，然而没有一个人告诉我们他有关死亡的经历，因为死者不再能够告诉我们死亡。作为旁观者，我们所看见的只是死亡者在我们面前气息的消失，但是我们无法知道他所经历的，无法知道这气息消失之后是否真的一切实存都归于无有？这些都是我们作为旁观者所无法理解也无法认知的。死和生的所有以上关系都是由死亡谓何引发出来的，而人们不可以自杀也是由关于死亡是什么引发出来的。无论有关死亡的谈论只是出于信心的宣称，或者死亡这个问题在多大程度上可以由逻辑的合理性加以推论，在这个世界上的人只能透过哲学论证去了解死亡是什么。哲学是最靠近死亡的，哲学是除神学之外最迫切地想要洞穿死亡那不可测度的深渊的。现在苏格拉底的朋友们作为法官，要测试苏格拉底由思想推论所获得的结论的可靠程度，而这不仅是苏格拉底所需要的，因为他即将赴死，也是我们每个生活在世的人和即将离世的人都渴望得到回答的。

　　这个有关死亡的思想法庭的重要性甚至远远超过审判苏格拉底的雅典法庭，它所寻求的结论甚至比雅典法庭确定苏格拉底是否有罪更加艰难。有关死亡问题的申辩，同样是一个哲学申辩，然而是纯粹作为人的形而上学申辩，而不是作为公民的政治哲学或者道德哲学的申辩；或者说是作为世界公民，而不是作为城邦公民的哲学申辩。死亡是一个纯粹的形而上学问题，如何理解"哲学是有关死亡的智慧"呢？

"一个哲人愿意追随死去的朋友"是什么意思？它的意思是说，"哲学家是愿意死的"。其他人可能只是随着自然性的到来而无奈地死去，哲学家则愿意主动赴死。但那又是什么意思呢？这意思如此含糊不清，以至于有人会嘲笑说，"他们完全知道哲学家值得一死"。如果人们错误理解了哲学家愿意赴死这样的命题，那么什么是这话的真实意思？

如果说苏格拉底在雅典法庭上的第一次申辩是有关于生的责任，有关哲学和生活方式的关系，那么他在狱中的第二次申辩则是有关于死的真理，有关哲学和灵魂不朽的关系。

> 一般人大概不知道，那些真正献身哲学的人所学的无非是赴死和死亡。果真如此，一个人为此拳拳服膺终生，到了期待已久的事情来临时却战战兢兢，岂不是怪事吗？（《裴洞篇》64a）

> 因为他们不知道在什么意义下真正的哲学家愿意死，也不知道在什么意义下他们值得一死，更不知道是哪一类死。（《裴洞篇》64b－c）

当我们讨论哲学家愿意赴死的时候，当苏格拉底说真正献身于哲学的人所学的无非是赴死和死亡时，就需要先行确定哲学所谈论的是哪一类死亡。

这要从哲学所关心的问题开始。对苏格拉底而言，哲学不关心快乐的问题，无论是男女方面的快乐还是饮食方面的快乐，真正的哲学家甚至厌恶谈论衣服穿着的快乐。饮食、男女和衣着这些方面都是属于肉体方面的事情，也都是属于有形体方面的事情。因为肉体、饮食、男女和衣着都是属于形体方面的。当一个人不关心这些方面的事情的时候，这个人就相当于在这些方面已经死了，也就是说他们在快乐方面已经死了。哲学当让快乐的欲求死了理性精神的规训，理性精神无关乎快乐，理性精神只与幸福相关。

哲学的理性关心的是真知。既然肉体是一种障碍，感觉和听觉也都是我们获取真知的障碍，因此寻求真知就是不要借助于肉体，思想时不借助于视觉，也不借助于其他感官，只借助于纯净的心思钻研干净纯粹的本质，只使用纯粹的心思，才可能摆脱眼睛、耳朵以及其余形体的影响。

这样，我们就可以看到哲学家的灵魂极端蔑视肉体，并竭力要摆脱肉体的影响，要让灵魂保持独立的状态。哲学所谈论的死亡，实则是谈论灵魂的独立性，讨论不受身体干预的灵魂。由此就又可以看到，存在着两个"我们"。一个是奔走于肉体和有形体事物的"我们"，这个"我们"不断地忙活于满足存活的需要，也不断地有种种疾病发生在上面，使"我们"充满各种感情、欲望、恐惧以及各种幻想和愚妄，这样的"我们"不懂得如何思考，如果说这样的"我们"也有思考，所思考的不外乎是世界上的事情，就是世界的情欲、眼目的情欲还有为拥有智慧的今世的骄傲，这样的灵魂实则是奴隶，只是为了被迫赚钱而到处奔走，是为了生活去发财的奴隶，丧失了一切钻研哲学的闲暇。然而还有一个"我们"，这就是作为灵魂的"我们"，想要获得纯粹的知识，因为那个时候这个"我们"要与作为肉体的"我们"分离，要独立于肉体。如果在生前的时候，这个作为灵魂的"我们"接触的无非是作为肉体的"我们"，就难免不受肉体的影响，因此在死了的时候也无法解脱。哲学家愿意死，哲学是练习死亡，其意无非是努力使灵魂和肉体分离。

> 看来我们在有生之年只能尽量接近知识，其办法是尽可能避免与肉体接触往来，非绝对必须时不碰，不受肉体本性的影响，使自己纯粹独处，直到最后神使我们解脱。像这样，我们摆脱肉体的愚昧，保持纯粹，我想就大概可以与我们的侪辈相通，对纯粹的东西获得直接的知识，这也许就是认识真理了。（《裴洞篇》67a－b）

这样，哲学式死亡的意义就获得了清楚的界定。哲学家愿意主动赴死，意指哲学家能够克制身体，使灵魂不受肉体纠缠。哲学家欢迎死亡，并不是说哲学家要自己动手结束身体的留存，而是说灵魂不留存于身体的欲求中。哲学式的死亡，是在此生努力使灵魂与肉体保持分离。哲学家是经历肉体之死的人，使灵魂不再经受肉体的搅扰。如此而论，在人经历肉体的死亡后，灵魂就不再有肉体的因素能够影响到它，灵魂就获得了独立的状态。因此哲学家是愿意经历死亡的，也是主动经历死亡的，因为他在此生克制了各种肉体活动的因素，他完全凭着理智和思想去认识真理，他们是与真理为友的人。经历死亡、愿意死亡，就是与真理为友。

3　死亡与灵魂的净化

如何才能实现肉体与灵魂的分离呢？

实现肉体与灵魂分离之道在于培养德性。德性是让灵魂与肉体保持距离的重要修身活动，哲人是具有美好德性的人，美德使他们的灵魂不再受肉体的搅扰。哲人临死时不惶恐，是因为德性是其根本，肉体的生存不再是他们关心的对象。肉体受时间限制，德性则是不朽的存在，它是灵魂永恒的形式。德性是灵魂真正的肉身。哲学家深信只有到另一个世界才会找到不折不扣的智慧，这样的人与临死时惊惧不已的人相比，岂不是很勇敢的吗？哲人也具有明智的德性，这种德性就是不为欲望激动，要对欲望保持漠然的态度。一个既具有勇敢又具有明智德性的人，他们就是生活在与物质世界又与肉体保持距离的人。因此，面对死亡的德性，不是有关公民生活的德性，它是有关于另一个世界的德性，一种无关于人类事务，是单单地有关于灵魂正义秩序的德性，是真正的世界公民的德性。这种灵魂的正义秩序甚至超过了城邦的政治秩序，城邦的正义秩序反而需要彰显灵魂的正义秩序。

哲人的这种明智和勇敢是特别的。除哲人之外，其他人勇敢是因为害怕。他们的勇敢包含着自相矛盾的特性，他们因为要一些快乐而摒弃一些快乐。例如抽烟的人，他们为了抽烟的快乐而节约钱，就摒弃了旅行的快乐。我们在世的许多考虑，尤其是基于快乐的考虑，都不是真正地指向德性，因为基于快乐的考虑，都是以身体的欲求为其出发点的。而身体的欲求是各种各样的，它们也因为不能够同时满足而彼此冲突。因此，德性与快乐是两回事，快乐仍然根源于地上的事物，而德性则并非如此。有德性的人不会因为一样德性而失去另一样德性，例如，他们不会因为勇敢失去正义，不会因为正义失去自制。地上的事物总存在冲突，因为地上的事物都各有所限；但是天上的事物则不存在冲突，德性与德性之间不存在冲突，因此德性是不包含矛盾的存在活动，它们都自身完善，要彼此完善。"爱里没有惧怕。爱既完全，就把惧怕除去。因为惧怕里含着刑罚。惧怕的人在爱里未得完全。"（《约翰一书》4：18）当灵魂根据德性生活时，它就不会陷入矛盾之中，这就是哲人的明智和勇敢。唯其如此，人就进入一个与这个世界无关的事物之中。唯其如此，不朽的世界是一个不冲突的世界，它不是以快乐为其欲求，不是以身体的可朽性为其基础，而是以灵魂的和平为其目的。

> 我的好辛弥亚啊，我觉得从道德观点看，这并不是正确的办法，不能用某种程度的快乐、痛苦或恐惧来换取另一种程度的，好像用价值不同的钱币来兑换似的。（《裴洞篇》69a）

净化的德性帮助人实现灵魂脱离身体，"真正的道德实际上是斩净这一切相对的情感，这种净化就是明智、公正、勇敢和智慧本身"（《裴洞篇》69b）。净化德性不是相对的，而是绝对的。净化德性既不是像正义这样的政治德性，也不是像自制这样的个体德性。净化德性是一种洗除肉身污秽的洁净活动，颇有宗教性的意味。它是一种绝对的力量，这种善就着它自身而言是善的，它自身就是善，它是诸善之善，它的善不是程度上的善，它的善是完全的善。完全不是一个程度概念，完全是指不与恶存在任何关联，它的善全然来自上界而不是这个世界。因此，要买赎灵魂，只有一种可以用来买卖的通货，这就是智慧。

但是在这个世界上，"手拿茴香的人虽多，真信酒神的人却少"。那真信之人就是智慧之人，世界上的人大多是用幻觉生活的，他们所谓快乐实际上多是一种情感幻觉，而他们大多数时候就生活在这种根基于情感幻觉的道德感之中，因为他们也不认识真正的神，也不认识真正的善，他们没有意识到道德是需要智慧为前提的，而智慧首先是要净化死亡印在肉体上的威胁。他们的道德感表现在死亡问题上，就是把死亡看成一种恶，然而死亡不可能是恶。当哲学家谈论死亡的时候，他并不是从一种肉体软弱的方面去谈论死亡，他并不是为了摆脱病痛或者其他原因去主动赴死。人之赴死就是学习哲学，克服肉身对于身体的禁锢，让灵魂兴盛起来。

哲学式的死亡，就是愿灵魂兴盛！

4　灵魂是真自我

对苏格拉底而言，灵魂才是真正活着的"自己"。真正活着的灵魂是不朽的，它与美善联结，并在美善中获得教化，建立德性。因此，照顾好灵魂胜过照顾身体，面向不朽之境远胜于寻求时间中生灭的事物。

然而，有几人真正地欲求德性呢？又有几人真正地关心自己的灵魂呢？在人类历史上，大多数都是"失魂之人"。古代如此，今天就更是如此。其原因在于，在多数情况下，现代文明只把灵魂视为一种隐喻。这又与近代心理学的兴起有关。近代心理学家把灵魂视为心理，不再把灵魂理解为单独、独立和自存的事物。这些心理学家的观点慢慢也成为哲学家们的观念，逐渐地也就成为现代人的"共识"：灵魂只是心理性的存在；灵魂本身并非实存。当这种心理主义的灵魂观念发展成为当代认知科学时，心理又演化成为神经科学，神经科学则还原成为生理机能。还原主义被现代人奉为科学宝典，以至于现代人不再认为灵魂独立自存，大多数现代人也就成了"失魂之人"。没有灵魂的生存状况会如何呢？柏拉图曾经描述一个"猪的城邦"。猪吃食时，从来都不会抬头看食物来自何处。猪从来不仰望星空也不沉思大地，猪看到的一切都只是猪食而已。

> 他们会有调味品的，当然要有盐、橄榄、乳酪，还有乡间常煮吃的洋葱、蔬菜。我们还会给他们甜食——无花果、鹰嘴豆、豌豆，还会让他们在火上烤爱神木果、橡子吃，适可而止地喝上一点酒，就这样让他们身体健康，太太平平度过一生，然后无病而终，并把这种同样的生活再传给他们的下一代。（《理想国》372c-d）

这真是一个"楚门"的世界！"楚门"的世界容不下思考，也禁止一切的怀疑。只要有一星半点儿的疑问出现在"楚门"的脑海中，就有人出来帮他尽快清除干净！猪的城邦，生动之极！

没有灵魂的社会只会是猪的城邦，没有灵魂的人只不过是活动的尸体。

　　然而灵魂呢？"楚门"就不能够满足于他的世界？人类的灵魂就不能够满足于吃喝？猪的城邦不是完美了吗？"思考的猪"只会索取更多的痛苦，能够建立一个痛苦得到免疫的城邦，岂不完满吗？猪的城邦不会有怀疑的痛苦，不是最好吗？即使如此，把城邦设定为猪圈的人仍然是错误的，因为不满足的不是灵魂，不满足的是身体的贪欲。不满足来自贪欲，而不是来自灵魂的德性渴求。除非人真的拥有他自身的灵魂，否则他的身体必沦于无度。除非人还有灵魂，除非这个灵魂有着它自身的目的，除非它是独立的并且其重要性胜过身体，人的存在才会与目的相关联。

　　苏格拉底深信灵魂独立存在，他也援之以理性的论证。理性使信念得到检验，使信念更加可靠而不限于是个人的理解，理性使信念具有公共之善，成为他人之善，也就是苏格拉底所说的：唯有经过考查的生活才是值得过的。然而如何考查灵魂的不朽呢？苏格拉底从两个方面进行论辩。

　　一个方面是辩证法，辩证法是苏格拉底的"魔法"，似乎苏格拉底每次使出辩证法，都可以使难题迎刃而解。依据辩证法，一切事情都不可避免地有其对立面，一切事情也就不可避免地是从对立面生出来的。较弱的从较强的生出来、较慢的从较快的生出来。因此任何事物都有一个由此到彼的过程，醒和睡也是如此。如同醒和睡，活和死也是这样，它们相互产生。活是死的反面，从活产生死，从死产生活。从死产生出活物，也从死产生出活人。我们都有一个从活到死的过程，也有一个从死到活的过程，身体的死就会生产出灵魂的独立自存的活。因此在身体死后，死者的灵魂存在于某处，再从那里回到活。可见复活确实存在，死者的灵魂并没有随着死者随风飘逝如同飞雪融化，而是继续存在于世界的某处。

另一个论证比较复杂，它源自苏格拉底著名的观点：学习就是回忆。苏格拉底主张"学习就是回忆"，以论证灵魂的不朽。在《枚农篇》中，苏格拉底例证式地阐释了学习与回忆的关系。他纯粹凭着提问，让一个对毕达哥拉斯定律一无所知的奴隶掌握这个数学定理。苏格拉底用这个例子证明，在人尚未成为人期间，那些真实的见解都已经存在于灵魂里面。只是由于人们的灵魂睡着了，人们遗忘了原先存在于灵魂中的知识，不过可以透过提问把它唤醒。品德也是如此，人的各种品德因着身体和生活在这个世界的缘故被遗忘了，但可以透过回忆唤醒它并加以传授。这意味着灵魂在以前的某个时候已经学习过某些东西，说明灵魂在身体之先存在。但是这个论证也存在不能完全令人信服的方面，因为当苏格拉底向人提出一个问题时，如果他提问得正确，那么听者就能够正确地回答。听者之所以能够做到这一点，完全是由于他对这个主题曾经有某种知识并能够恰当地把握，而不能够说是由他回忆起来的。

为了完善论证，苏格拉底换了一个角度。当我们说一个人能够回忆某件事时，那一定是他以前曾经知道的。举个例子来说，一个情人看见他所爱对象曾经常用的竖琴、大氅之类的东西，就会睹物思人想起拥有这竖琴、大氅的人。这是由类似的东西引起的回忆。也有由不类似的东西引起的回忆，例如由一个人回忆起这个人的朋友。因此，回忆就是由一件事物的视觉带给人对另一件事物的知觉。当我们看到相等的木块、石块或其他事物时，我们就会获得有关"相等"的看法。但是"相等"与"相等的石块"是不同的，这就是说"相等"是不同于石块的其他事物，它在"相等的事物"存在之先就已经存在。"相等的事物"是现在存在的，"相等"则是在"相等的事物"存在之先就已经存在的。这同样可以扩展为对"善本身"和"善的事物"、"公正本身"和"公止的事物"的理解。在"善的事物"存在之先就已经存在"善"，在"公正的事物"存在之先就已经存在"公正"。因此有一类知识和事物，它是不随感觉和时间而迁移的，它开始时存在但被人们遗忘了。这类知识正是在我们出世之前就已经获得的，但出世时把它遗失了，后来又透过使用感官恢复了这类知识，这就是回忆。

"相等本身是存在的"，它存在于"相等的事物"之先；"公正本身是存在的"，它存在于"公正的事物"之先；"善本身是存在的"，它存在于"善的事物之先"。因此，理念世界先于可见世界而存在，不可见的灵魂先于可见的身体而存在。

5　灵魂不朽还是可朽？

学习就是回忆。

学习就是回忆，就是使灵魂重新回忆起它原先的存在状态，它最初的存在状态如同水晶般澄明，学习让灵魂回到澄明之境。学习就是回忆，是要把灵魂从身体中分离出来，灵魂是不朽坏的，身体是可朽坏的，学习就是要从可朽坏的身体中分离出不朽坏的灵魂。因为灵魂是不朽坏的，是更善的存在，所以它才是人们真正应该关心的对象，人们应该关心自己的灵魂胜过关心自己的身体。

但是在此之前，先要论证一个事情，即灵魂是否真的如苏格拉底所说是不朽的呢？因为若从日常生活的经验来看，灵魂不朽的观点似乎缺乏确切的依据。苏格拉底的两位朋友辛弥亚和格贝反对灵魂不朽的观点，他们分别提出了两种反驳论证。

以和声与带弦竖琴为例。和声是调好的竖琴中间不可见的、无形体的、非常之美的、神圣的东西，而竖琴本身和琴弦则是一些形体性的、组合的、地上的、接近有死的东西。当我们把琴弦割断之后，那坏了的竖琴和琴弦还在，但是那近乎神圣的和声却不存在了，它在琴弦和竖琴消失之前就已经消失了。灵魂和身体的关系完全可能就像这种样子，而不是如同苏格拉底所说的，即使在身体灭亡之后，灵魂依然存在。因此与苏格拉底对话的朋友辛弥亚说：

> 苏格拉底啊，我想你心里早就明白，我们相信灵魂是这样一种东西：我们的身体是由冷、热、干、湿之类混合调配到一起的，灵魂就是这些对立成分的协调和调整，出现在它们混合得良好、恰当之时。如果灵魂是一种和谐，那就很明白，身体由于疾病或其他原因而过分松弛或过分紧张的时候，灵魂就必定消灭，不管它如何神圣也要消失，就像声音方面的和谐和各种工艺品的和谐一样，而身体的遗留物却会保持很久才被烧掉或烂掉。如果有人主张灵魂是身体要素的调和，所以会在所谓

死亡的时刻首先消失，我们用什么话来答复这种说法呢？（《裴洞篇》86b－d）

辛弥亚和苏格拉底共同的朋友格贝则从另外一个方面反驳灵魂不朽说。他认为苏格拉底前面有关灵魂所说的那些话，都没能证明灵魂在人死后继续存在。他同意辛弥亚灵魂必朽坏的观点，但不同意辛弥亚的论证。他的论证与辛弥亚的刚好相反。辛弥亚认为灵魂并不比身体更强壮、更耐久，但是格贝认为灵魂在所有方面都比身体优越，即使如此，灵魂仍然会死于灭亡。为此格贝讲了一个老织工的故事作为他的论证。相传有一个老织工，据说这人并未死亡，还安全结实地存在于某处。如果有人说既然我们从未看见过老织工，我们就认定他是死的了。但是持老织工未死观点的人会说，当你看到人们还在穿着衣服的时候，就证明那个人是安全无恙的。我们可依此类推说，一个人活着的时候身体经常会发生变化，经常会被穿坏，就如我们的衣服，我们的衣服也是经常更换并破败的。然而灵魂却经常在缝制这件穿破了的衣服即身体，但是这件衣服即身体迟早会被彻底穿坏，在被彻底穿坏后，那个时候灵魂就没有办法缝制它了。这穿坏了的身体就是最后剩留的身体，当灵魂消灭之后，这件唯一存留的最后的身体也就很快朽坏不见了。因此由身体的消失不仅不能够推论灵魂的不朽，它能够推论出的结果反而是灵魂的必然朽亡。

辛弥亚和格贝虽然论证角度不同，他们的具体观点也不尽相同，但是他们从一左一右的角度，论证灵魂都必将灭亡。并且，他们的论证也非常有力，尤其是辛弥亚的论证，似乎无法反驳。这让在狱中围坐着听他们讨论的朋友们沮丧万分。他们原先已经服膺于苏格拉底的灵魂不朽观念，现在他们眼前又是一片混沌。

6 真理是灵魂的航向

苏格拉底愉快、和蔼、可敬地听着格贝和辛弥亚两位年轻人发表的批评意见。他们的批评不仅仅事关他能否安然地去死，更事关他一生的事业，就是不断地呼吁雅典人要关心他们自己的灵魂，要关心生活方式胜过关心生活用品。然而在这两个年轻人的质疑声下，苏格拉底的生平志业正面临着极大的挑战。如果他们的观点是正确的，苏格拉底关心灵魂的哲学就是错误的。需要知道，对苏格拉底和他的朋友们而言，理性推论不只是知识，知识就是德性，知识就是存在，知识是筑成生命信念的基石。如果不能论证灵魂不朽，没有灵魂不朽的知识，就不能建立通往灵魂不朽的德性。这迥然有别于我们今天对知识的理解。现代人把知识单纯地理解为一种描述，一种呈现事物状态和特性的方式，然而就苏格拉底和他的朋友们而言，知识是他们灵魂活动的内在，如果人的存在奠基于灵魂的活动，那么灵魂就为知识活动所充满。与知识无关的灵魂就是空洞的灵魂，如果灵魂不朽的论证是虚假的，那么人就回到了他的身体性生存。然而，身体性生存无法为真理奠基，依附于身体性存在的理性知识也不具有实际的意义，苏格拉底致力于灵魂的一切论证也就不再可能是人们所应寻求的目的。如果苏格拉底前面的所有结论经不起辛弥亚和格贝的理性质疑，那么苏格拉底所孜孜以求的哲学事业就失去了全部的根据。

哲学作为生活方式与哲学作为理性活动并不冲突，正是理性使得哲学这样的生活方式严格而且真实，它使得生活方式根基于真实，也就是建立在与真理的关联之上。因为真理并不是嗓门和权力的糅合，真理是理性的证成，至少对苏格拉底和他的朋友们而言是如此。如果不能借助于理性反驳辛弥亚和格贝，那么大多数雅典人，他们对苏格拉底的指责就是合理的，他们所选择的生活方式也就是可信的。然而人们又无法越过理性的论证去反驳另外一个道理，以真理为业的人绝不能厌恶论证。"厌恶论证的危险，就像有人厌恶人类那样；因为一个人最坏的毛病就是厌恶论证。厌恶论证是跟厌恶人类出于类似的原因的。厌恶人类是由于并无充分认识就盲目信任某人。你认为这人是完全真实、可靠、可信的，后来却发现他下流、虚伪。"（《裴洞篇》89d）要想证明追求灵魂不朽是生活的真正目标，要想拯救哲学的生活方式，就必须从理性上回应辛弥亚和格贝的论证，证明他们是错误的。

真理的确定性源于论证的确定无疑。人之所以被错误地引导，以至于生活得随波逐流，忽上忽下如同大洋洋流，就在于他们没有稳定的航海技术。理性论证就是思想的航海技术，它使得我们可以避开洋流里面的破坏性力量，能够稳定航海的方向。当我们碰到思想上的错误情况时，我们先不要责骂论证，而是先要考查我们自己的观点是否可靠，考查它们自己是否被处境左右，是否被情绪支配，如果我们自己并不可靠，就要努力使自己变得可靠。因此我们必须始终持哲学的看法，而不是持日常生活里各种患得患失的观念。那些患得患失的观念是影响航海方向的各种洋流，例如我们关于死亡的未经考查的观念以及情绪就是患得患失的意见，我们也不要太多考虑自己讲话和思想落在别人心中会是什么的形象，因为当我们这样想的时候，我们就不会关心真理本身，那个时候我们关心的是真理所引发的洋流，从而也使我们陷入各种错误之中，被各种混乱的洋流牵引而去。虽然我们在论证中会碰到各种挑战，但是理性必然会让我们触及真理，因为真理掌握千变万化洋流的轨道，真理就是理性的真理。当我们把所有的论证都指向真理时，理性就会训练我们掌握洋流的技艺，即论证技艺。现在在死亡问题上碰上的巨大挑战也是如此，"辛弥亚和格贝啊，我就是本着这个精神来准备讨论的。你们如果听我的话，就少想苏格拉底，多为真理着想吧"（《裴洞篇》91b）。这句话可以简约为"听真理的，不要考虑苏格拉底的感受"。真理无关乎感受，真理也无视我们的感受，唯其如此，真理才超越所有处境，并为所有处境提供指引。这正是古希腊思想精神的脉络，也是亚里士多德那句更有名的话的来源："我爱柏拉图，我更爱真理！"

现在，在死亡问题上，真理握于谁手呢？是握在格贝和辛弥亚手中，还是握在苏格拉底手里？要用真理校准生活的航向，就必须回归理性论证。

7 灵魂不朽的论证一：灵魂与和谐

有关灵魂不朽的辩论又回到了起点，这是格贝和辛弥亚都同意的起点：灵魂是被囚禁在身体之中的，在被囚禁之前，它已经先于身体存在于某处。

现代人未必同意这个观点，有些宗教信仰也不会同意这个观点。例如《圣经》就会主张灵魂并不先于身体而被创造，在身体存在之前并不存在灵魂。当然《圣经》会同意苏格拉底的结论：身体灭亡了，灵魂却没有灭亡。灵魂在身体死后，去了两个不同的地方。义人的灵魂去了阴间的乐园，而恶者的灵魂去了另外的地方。末了的时候，身体也将复活。义人去了天国，而恶者去了火湖。这是从《圣经》的角度看人的结局，颇与苏格拉底有关于人的结局的观点相似。

现代读者虽然怀疑古希腊人有关灵魂先在的观念，但它既然是希腊人的共识，格贝和辛弥亚都同意，就让我们继续沿着他们的共识推论下去。

依着灵魂先在的观点，同时依着严格的理性论证，如果依照辛弥亚的观点：灵魂依赖于身体，而身体是复合物，也就是说它是由许多不同的材料复合而成的，例如是由水、火、土和气复合而成的，那么就可以得到如下推论：由于灵魂是由一些在身体里面像琴弦似的绷着的成分构造出来的和谐，那么灵魂的和谐也就是一个复合物。

但是辛弥亚的观点是错误的。苏格拉底认为，辛弥亚的观点本身就不符合理性论证。不妨略为细想下：琴、弦和声音本身是不同的材料，它们本身不存在和谐的关系，它们又如何可能在不和谐的状态下产生和谐呢？因为那和谐是琴、弦和声音本身所不具有的，它们如何可能产生它们本身所不具有的东西呢？这种类比还可以用在身体和灵魂的关系上。身体本身是复合物，是由本身不和谐的事物例如水、火、土和气构成的，它们又如何能够生成和谐这种它们本身不具有的事物呢？

也可以从另外一个角度思考辛弥亚有关和谐的观点，同样可以发现其中的错误。辛弥亚认为和谐是复合的，如果它是复合的，就包含着异于其他成分的东西。如果和谐里面包含着其他成分的东西，由于其他成分意味着相异性，那么和谐就不能指挥这些其他成分，因为它不能控制这些成分。如果它不能控制其他成分，例如它不能控制琴、弦和声音，那么它所做的就与它组成的部分相反，也不能达到它的目的。按照辛弥亚的观点：琴、弦就不能达到和谐。

回到灵魂是和谐的观点。辛弥亚认为灵魂是和谐的复合物，而不是和谐本身。苏格拉底认为这个观点也不成立。如果灵魂不是和谐本身，那么就意味着灵魂既有美德也有邪恶。然而一个和谐的灵魂不可能包含另外一种和谐，如果它包含着另外的和谐，它就是不和谐的。既然辛弥亚认为灵魂的和谐是复合物，那么灵魂的和谐就是由不相同的事物构成的。然而按照和谐的定义，它应该是既不多也不少，是和合得既不多也不少的，不然它就不和谐了。因此，如果灵魂是和谐的，那么一个灵魂就跟另外一个灵魂一样。同一个人之所以会有灵魂上的冲突，就是因为它的灵魂不和谐，因为整体的灵魂被分裂成了几个相互冲突的部分，就如《哈利·波特》里面的反派角色伏地魔，他的灵魂被分成了七瓣或者说七个部分，失去了和谐性，充满了冲突。冲突的灵魂是狠辣人。其实我们今天人的灵魂都已经不知道被分成了多少瓣，以至于世人多多少少具有伏地魔的特质，因为我们的灵魂都不再处于和谐之中了。

这就是说，一个和谐的灵魂是不可能包含不和谐的。"如果它是和谐，那就绝不能发出一个音跟它的组成部分的紧张、松弛、震动等情况不一致，只会服从它们，绝不会领导它们?"（《裴洞篇》94c）人心中的恐惧、欲望和感情，都是会造成灵魂的紧张、松弛和震动的东西，这些东西都会造成灵魂陷洛于身体，造成灵魂的不和谐。因此身体本身不是和谐的，灵魂本身才和谐。正因为如此，灵魂不是依凭于身体，而是独立自存。当灵魂失去了独立性时，人也就失去了不朽的盼望。

因此，灵魂长存，而身体有死。灵魂不随身体而死亡，我们生活在这个世界上，要时时照顾那长存的东西即灵魂！

8 哲学的第一次航行：由自然转向人

在反驳了辛弥亚有关灵魂必朽的论证后，苏格拉底转而回答格贝的问题。简而言之，格贝观点如下：身体是灵魂的衣服，身体不断发生变化，就如同灵魂穿旧和穿破了不少的衣服。当灵魂穿破最后一件衣服即最后的身体时，就不再有其他的身体，那时身体就死亡了。当灵魂穿破身体的最后一件时，也就是说，当灵魂穿破最后一件身体时，灵魂也会随着身体消散。

《裴洞篇》的后面一部分谈话都是在围绕着格贝的问题进行的，

苏格拉底谈到了自己哲学的第二次航行。苏格拉底哲学的第一次航行是追随阿那克萨戈拉，讨论自然哲学。此后，他从自然哲学转向伦理学，从自然转向人。

阿那克萨戈拉是自然哲学家。苏格拉底年轻的时候喜欢钻研自然的智慧：热和冷是不是通过发酵作用产生出动物的组织？我们是用血、气和火来思想的吗？或者人的思想是经过大脑而产生出听觉、嗅觉和视觉，由感觉系统生出记忆的意见，再由意见生出知识？事物是怎样生灭的？人的成长会经历如下的过程：因着吃喝而生长。从吃的食品中，就有肉增加到人的肉上面，有骨头增加到人的骨头上面，依照同类相生的原则，其他的东西也以类似的方式增加到其他东西上面，于是小块变成大块，小孩变成大人。

这是阿那克萨戈拉的观点。阿那克萨戈拉还指出了事物生灭的原因，它们来自"心灵"，心灵安排并且造成万物。心灵把每件事物安排得恰到好处，使得它们能够过优良的生活。例如此刻苏格拉底坐在床上，可以用阿那克萨戈拉的观点解释他的身体得到安排的原因。苏格拉底坐着，是由于他的身体由骨头和筋腱组成，骨头分成一节一节，筋腱伸缩使苏格拉底能够弯曲肢体，这是他能够弯腿坐着的原因。同样，嗓子、空气、耳朵以及类似的东西，是人们能够彼此谈话的原因。

但是这些并不是自然万物最终的原因，真正的原因在于心灵。苏格拉底坐在监狱里与他的朋友们谈话，是由于苏格拉底认为雅典人把他判刑是好的。如果他不认为是好的，而是接受了格黎东和朋友们的意见，他的这个身体以及筋腱骨骼早就跑到麦加拉和博优底亚这些城邦去了，因此苏格拉底行动的原因并不是由于骨头和筋腱，而是由于他对最好东西的选择。许多人都在寻找真正的原因，阿那克萨戈拉教导苏格拉底去寻找那个包罗一切万象、团结一切的力量。但是在这个过程中，他又遇见了被他否定并且自己也没有发现的事物。这是苏格拉底哲学思索的转向，就是由自然哲学转向人的哲学。

由自然的主题转向人的主题，是苏格拉底的第一次哲学航行。

苏格拉底受业于阿那克萨戈拉，他从阿那克萨戈拉那里了解到"心灵"才是宇宙之根本。在阿那克萨戈拉那里，"心灵"是一个模糊的概念。它是一种灵魂？一个观念？一种纯粹理智？还是最精微的物质性种子？这显然引发了苏格拉底继续探索的兴趣。他放弃了有关自然万物及其原因的研究，转而探讨"心灵"；放弃了对具体万物的自然性和物理性的探讨，转向有关最终的内在原因的探讨。自然是可见的世界，那么心灵呢？它是否也是一个可见有形的事物？为什么人们看见的都只是可见世界，并且认为有形的可见世界是唯一真实的世界。这就是人们常犯的错误，为了不让眼睛变瞎，他们都只看水里太阳的影子，而不敢仰望真正的太阳，因为他们害怕被太阳的光芒灼伤。但是由于人们持续以往，只低头看水中的太阳，慢慢就忘记了天空中真实太阳的存在，把水中太阳的影子当成太阳本身了。在人的灵魂中就存在这样的危险。当人们的眼睛使劲盯着感觉事物，眼睛就只会越来越固定在感觉事物上，他们就把感觉事物当作唯一真实的事物。这个时候，他们就已经弄瞎了灵魂的眼睛，因为他们的灵魂丧失了思想，而思想是另一种眼睛。

　　因此，我们必须求助于思想才能够避免我们的灵魂弄瞎了它的眼睛。苏格拉底所讲的思想，与我们通常所讲的思想不同。我们通常所讲的思想是这样的一些思考，思考的内容无非是某些感知觉的印象，例如我们每天都会想着吃什么、喝什么，如何做好生意，去哪里旅行，如何实现社会攀援等。然而这些所谓思想其实只有思想的形式，却缺乏思想的真实。它具有思想的形式，是指人在思考这些事物时，也使用概念形式。然而这些概念活动又只徒具思想的形式，是因为它所指向的都仍然是感觉事物。吃和喝是感觉的，生意是感觉的，社会攀援和如何结交人获利及升迁也是世界里面的事情。因此人们经常用自己的思考，却更深地陷入这个世界以至于无法自拔，还把感觉世界的获得当作真实本身。这样长久以往，他们就彻底弄瞎了自己灵魂的眼睛。

　　苏格拉底所谓思想并不是我们所说的意思。他所说的思想，是指要让所思所想离开感觉世界，离开那个弄瞎了我们眼睛的世界。思想是对纯粹无形事物的把握。只有在思想里面才能了解真实性，而其前提是先要在思想里面。思想有其独立的对象，就是理念，是无形的存在。由于思想的真实性不是感觉世界的真实性，因此思想的对象就不能来自感觉世界。如果每天所思所想都是感觉事物，那么也就被感觉世界充满着。如果思想要研究感觉世界，那也是可以的，就必须把感觉世界当作影子来研究。如果感觉世界只是影子，那么我们就会思想着如何穿越这个影子的世界，因此感觉世界只是思想的训练馆，却不是思想的目的地，更不是思想的家园。

　　人当以思想为其真正的存在，当以灵魂为其真正的眼睛，这就是苏格拉底的第二次哲学航行。

9　哲学的第二次航行：理念世界

　　苏格拉底的第二次哲学航行探求的是理念世界。理念是理性认识的对象，自然万物只是理念的影像，是感觉认识的对象。

　　哲学探究原因和最终原因，有些哲学家把自然界的基本元素和物理世界作为最终原因，苏格拉底的第一次哲学航行就是如此。但是在第二次航行中，苏格拉底认为理念才是自然万物的原因，自然万物只是理念的影子，宇宙万物的最终原因就是理念。我们经常会说某某事物是美的，例如，我们会说这个事物的形状悦目，那个事物的色彩艳丽，另外的事物线条流畅，当我们在谈论这些事物时，我们都是在谈论不同类型的美。但是当我们说悦目、艳丽和流畅时，我们都还只是在描述这些美的具体特质，我们还没有讨论美本身。所谓美本身就是，那令事物形状悦人眼目的原因，那令事物看起来艳丽的原因，那令线条显得流畅的原因。悦目、艳丽和流畅都还不是原因，它们都只是表象。这个表象后面有原因。感觉器官看见的只是表象，然而思想在于把握原因。在此基础上，亚里士多德又发展出一种更深入的说法：关于第一原因的知识是最真实的知识，也是最可知的知识，因为通过它们，就可以认识其他事物，而不需要借助那从属于它们的事物。这如同我们认识一个人，如果我们了解了这个人的根本，就可以理解这个人的具体行为特点，可以预判他的下一个行动。这种学科研究第一原理和作为原因的知识，它不是为了实用的目的。如果我们的研究是出于实用，我们就被事物的用处局限，就看不见事物的最终因。事物的最终因，因为它是事物之根本，它都不是为了利益的缘故而存在，因此研究者也不能抱着利益之心。如果我们存了利益之心，我们就会按着自己的偏好取舍，那就遮蔽了这个事物的真实性。因此，亚里士多德说，存在着一种求知方式，就是为了免除无知而求知，为求知而求知，正是哲学思考的目的。如果人们的求知纯粹只是为了免于无知，这就是人类最纯粹的自由。因此，自由的知识，只是为了知识本身的缘故而存在。

探讨宇宙万物的第一因是古希腊哲学的不息的生命冲动。苏格拉底把古希腊哲学对第一因的开端从自然万物转向人的思想。当他讨论美的具体特性和美本身时，他不断地重塑古希腊哲学思考的典范。诚然，古希腊思想一直有理想主义的特质。理想主义就是以"理念"为其真实，因此任何理想主义都是以理念为未来的引导，因为理念对他们而言并不是概念，理念是他们将要实现的概念，理念对他们而言就是最终的真实性。理想主义者都是这样的人，他们以未来的真实性作为现实的第一因，理念就是他们未来的真实性，它是他们行动的始因。苏格拉底是展开以理念为第一因的古希腊哲学家，虽然这种思想的成熟的形态是他的学生柏拉图所阐发的，但是他确实是这种思想的开创者。

苏格拉底的第二次哲学航行，对整个西方思想史而言实在太重要了。

当苏格拉底在探讨具体的美的原因时，他已经在探讨美本身，也就是在探讨美作为美。当他在探讨美之为美时，指的是不能够用具体的美来解释的那个美自身，指的是不能够用色彩、形状和线条所描述的美，因为色彩、形状和线条都只是美的一部分。部分是不能够描述整体的，特性不能够描述本体。因此当我们讨论美本身时，我们就不能够用具体事物来描述，因为具体事物都只是感知觉，而美本身却是思想。感觉不能够描述思想，所谓思想本身是对于理念的把握，是对于事物本质的定义，是讨论一个事物的"是"，而不是讨论它的表象（即"是"的具体形状）。

什么是苏格拉底所谓事物本身呢？什么是在色彩、形状和线条之后的美本身呢？就是美的理念。

思想以理念为研究对象。它所研究的不是具体的大和小，而是研究"大"和"小"本身。具体的大和具体的小都既是大也是小，但是"大"和"小"本身是单纯的大和单纯的小，它不同时既是大又是小。例如，我们可以说东海是大的，这是因为相比起西湖来说它是大的，相比起鄱阳湖来说也是大的，但是东海也是小的，这是因为比起太平洋来说是小的，相比起大西洋来说也是小的，相比起整个宇宙来说甚至连一滴水都算不上。可见，具体事物无论多大，它都可以是小的；无论多小，它也可以是大的。例如，一粒谷子是很小的，但是比起蚂蚁来说它还是大的，比起一个电子来说，它就是巨大的。

但是当我们谈论某个事物的大和小时，就都已经涉及大和小这两个概念了。大的事物拥有"大的理念"即"大本身"，小的事物拥有"小的理念"即"小本身"。大的事物在相对于其他事物而显小时，便如东海在太平洋面前显小时它又拥有小。因此当谈论大的事物时，我们必须要先讲到"大"、先思想到"大"和先要把握住"大"。同样，当我们讲到小的事物时，我们也要先讲到"小"、先思想到"小"和先要把握住"小"。这就意味着"大"先于"大的事物"、"小"先于"小的事物"。"大"的理念和"小"的理念都是先于大的事物和小的事物存在的。

同样，还可以说，"大的事物"是因为分有了"大的理念"而是"大的"，因为如果没有"大"这个理念的预先存在，东海就不能够成其为"大"。东海的"大"是来自"大本身"；同样东海的小之所以成其为"小"，是因为它的"小"来自"小本身"。可见"大的事物"是"大的"，是因为它们分有了"大本身"，"小的事物"成其为"小"，是因为分有了"小本身"。

那就意味着"大本身"和"小本身"是存在的。"大的理念"就是"大本身"，"小的理念"就是"小本身"。它们无关于具体事物的形状、色彩和线条，相反具体事物的大和小都来自它们。它们是永恒的、不变的，而具体事物的大和小是时间性的、可变的、有生灭的。

10　灵魂不朽的论证二：灵魂与理念

万物皆有生灭，唯理念无生无灭。

生灭来自差别，因有差别才有生灭。生灭根源于差别，是因为有差别才会产生变化，有变化才又导致生灭。自然界有地势高低之别，遂有水流缓急之变化。地势的高低就是差别，因其差别，才有水从高向低的流动。地球有赤道和两极，有温差之差别，遂有冷热交替而有气流运动。人的呼吸也是如此，有呼和吸的差别，遂有人体的循环，就有生和死。因此差别引发运动，运动引发变化，变化引发生灭。

然而，苏格拉底认为存在一个理念世界，不生也不灭，不变也不化，它永恒如一，永恒如是。在理念世界，我们所看见的就是"恒是"。这就是理念世界的大和小与具体世界里面的大和小之别。具体事物的大和小都是相对的大和相对的小，因此是既大又小，然而理念世界的大就是大、小就是小，它们都绝对的是其自身，而不具有相对性。当具体事物靠近"大"的理念就显其为大，当靠近"小"的理念就显其为"小"。如同一个人，当一个人靠近"大"时就显出其尊严，而一个人靠近"小"时就显出其卑微，这并不是因"大"和"小"有什么变化，而是因为人是靠近其"大"还是靠近其"小"。

在谈论具体事物的大和小时，"大"是参照"小"而命名的，"小"是参照"大"而命名的。但是在谈论理念的"大"和"小"时，"大"和"小"都以其内在性而自我命名，它们的命名出自其自身。

万物皆有其"型"，这型也被称为"理念"。

这"型"不因宇宙万物的变化而走"型"，它是太初之道。大的不承受小，小的也不承受大，两者绝对相反，而不存在相通，就如奇数永远是奇数，偶数永远是偶数，不能够把奇数称为偶数，也不能够把偶数称为奇数。

现在回到灵魂。灵魂在身体里面，也就是灵魂占有了身体，使身体活动，这时候的身体就具有了生命。死亡是与身体的生命相反的事物，当灵魂占有身体的时候，身体显为生命，因此灵魂不容许生命的相反方即不容许死亡占据身体。令灵魂死亡的不是身体，而是不正义和无教养。当灵魂为不正义和无教养所占据时，灵魂就是死亡的。灵魂原本不死，因为灵魂原本是正义的、用来领受神谕的，为神谕所教导，为永生所占据。既然灵魂本身不死，"不死的"就是"不可消失的"，那么在身体消失之后，灵魂依然长存。可见，神、理念和其他一切不死者，他们都是永恒的。

灵魂不朽！

一个人临死的时候，他的会死的部分看来是死了，那不死的部分却安然无恙地、完整无缺地离开了，从死亡那里退隐了。(《裴洞篇》106e)

格贝啊，确确实实灵魂是不死的、不可消失的，我们的灵魂会存在于另一个世界的某处。(《裴洞篇》107a)

苏格拉底证明了灵魂是不朽的！

11 不朽：灵魂对理念的凝视

依照苏格拉底的论证结果：理念是纯一不杂的。如果灵魂凝思的是理念，那么灵魂本当永为光明。灵魂缘何却在滚滚尘世，瞎了眼睛，失忆于永恒之境，沦落于黑暗之界呢？

此心本光明，缘何落黑暗？

原因就在于人是身体和灵魂的复合物，而身体和灵魂是分属两种截然不同特性的事物，这两种不同的事物在特性上彼此相争，身体上的属性掩盖了灵魂的本性，使得灵魂的本性不再以光明和不朽出现在尘世之中。苏格拉底这样说：

> 那么，格贝啊，你看从以上所说得出的结论是不是认为：灵魂最像那神圣的、不朽的、灵明的、齐一的、不可分解的、永恒不变的；身体则正好相反，最像那人间的、有死的、多样的、可以分解的、不断变化的。（《裴洞篇》80b）

苏格拉底认为，不可见的灵魂原先存在于世界的某处，当人降生之时，灵魂就进入身体里面。这就是人，因此人是身体和灵魂的复合物。身体就像是坟墓，它用虚假的光明囚禁了灵魂。这虚假的光明就是人们透过感觉器官表现出来的快乐的欲求。快乐是虚假的光明，也是人身上最容易被点燃的冲动，也是最容易让人的灵魂的理智之光被蒙蔽的"光明"。快乐虽然表象为光明，但那光明里面潜藏着黑暗，这就是说那作为快乐的光明是要把灵魂带入黑暗，因为快乐的光明是以欲望为其冲动的。真正的光明是照亮时间的，它本身不是时间，然而快乐这种虚假的光明用时间性生存代替永恒性福祉，用世界的物欲代替理念之光。

因此，邪恶是身体追求快乐的结果，是满足一己之快乐的结果。快乐就是人生虚掷的光明。感性事物所产生的快乐诚然也是真实的，但它单纯是在感性满足的意义上是真实的，并且它呈现"真实"的方式是如此形象生动并且鲜明可爱，它让人的身体的诸部位得到充分的满足，并且使灵魂也熟悉并最终眷恋于这些满足。这些满足在人的回忆中反复被酝酿，不断被强化。"因为每一种快乐或痛苦都好像一根铆钉，把灵魂铆到身体上，使灵魂形体化，以为身体说真实的东西就是真实的。"（《裴洞篇》83d）灵魂受浸于身体的这种形体化的生活，使得灵魂转向邪恶，因此邪恶来自身体对灵魂的规训，最后身体放弃对于灵魂的主导能力，而臣服在身体性的生活方式之下。

在身体里面生活的人就如奥德修斯的妻子贝内洛贝纺织一样，做着织了又拆、拆了又织的工作。据《奥德修记》所载，在特洛伊之战后，奥德修斯在回家乡伊塔卡航海期间颠沛流离，十年杳无音讯，生死茫茫。他家乡的那些年轻贵族向他的妻子贝内洛贝求婚，借机占据他们的财产。贝内洛贝无法直接拒绝，就借口要等她织成一件织品，才会决定嫁娶。于是她白天织晚上拆，因为无法织成那件物品，那些求婚者也就没有机会得偿其愿。苏格拉底用这个比喻，指生活在身体里面的人如同贝内洛贝织布一样，无休止地投入快乐和痛苦之间，不断地织就快乐又不断地陷于痛苦。人所醉心的感觉的生活就是如此，永远没有休止，并且永远不能达到灵魂的平静，因为他们永远无法使心灵处在休止的状态。生活在身体里面的灵魂，永远是羁绊在快乐和痛苦之间，而徘徊在世界的不同坟墓中间，却无法让自己安息在坟墓之中。

朋友，我们必须相信形体是个包袱，沉重、凡俗而且可见。

那样的灵魂是被它拖了后腿，被它拉回到可见的世界，对不可
见的另一世界心怀恐惧，可以说是徘徊于墟墓之间。在那里可
以见到这些灵魂的恍惚形象，它们并不是干干脆脆地离去的，
还保留着某种可见的成分，因此是可以看到的。(《裴洞篇》
81c - d)

要想让灵魂摆脱那无所不在的枷锁，就必须摆脱身体笼罩在灵
魂中的无所不在的可感世界的影子，不然这原始的纯一不杂的灵魂
就成了坏人的灵魂。坏人的灵魂是这样，它们被迫徘徊在坟墓之
间，因为它们深受坏恶的折磨；它们徘徊在形体性的欲望之间，它
们从一个形体性监狱又进入另一个形体性监狱，它们是这个形体性
世界的囚徒。它们身上满有猪狼的形象，因为它们选择不义、贪图
饮食、篡夺和抢劫这样不公正的生活方式。它们缺乏公民美德，它
们不能够干净利索地摆脱这个世界的影子。因此要想摆脱世界透过
身体加在灵魂上的枷锁，就必须学习哲学，"哲学看出这种囚禁生
涯最可怕的地方在于它是肉体的欲望造成的，囚徒本身就是这囚禁
的主要助手"(《裴洞篇》82d)。而要想拥有哲学的生活，就必须发
挥灵魂中爱智乐智的本性，成为好学之士。好学之士就是不断地发
挥自己身上理智天赋的人，他们透过爱智而避开感觉的危险，识破
感觉的欺骗，敦促灵魂摆脱这些东西，引领灵魂回到自身内部，
"只信任自己以及自己对实在本身的思维，深信它用其他方式所看
到的、随对象而异的东西里并无真理，因为这类东西是可见的，是
感官所体会的，而灵魂本身则见到不可见的、由心灵体会的东西。
真正哲人的灵魂深信自己决不能违抗这种解放，因此坚持尽可能脱

离快乐和情欲、悲愁和恐惧"(《裴洞篇》83b)，摆脱灵魂在身体里面的一切快乐的虚掷，就可以看见真理所引导的平静生活的富足。

让灵魂凝视理念，回忆理智生活的存在方式，就是享有哲学的生活。它让灵魂泰然自若地面对死亡的到来，能够避免邪恶在死后仍然抓住灵魂不愿松手。因此哲学家的灵魂"深信必须摆脱苦乐的心情取得平静，应当遵从理性，永远以理性为归依，沉思那真实、神圣的东西，而不理睬意见，用真实来当作自己的唯一营养；它相信自己在有生之日就应当像这样活着，在死后则达到一个与自己的本性类似的处所，永远免除人的各种邪恶"(《裴洞篇》84a)。

哲学的生活，就是因着凝思理念，不让灵魂生活在恶里面！哲学引导灵魂奔向理念的异乡！

12 哲学的咒语与灵魂的疗方

因此，此世是为来世而活，此世是来世的预备。此世活着的意义何在？在于来世。来世意味着什么？就是为着灵魂的纯一不杂，在于为灵魂的不朽澄明，并且不朽地居于另外一个世界。

苏格拉底认为，如果我们此世不过哲学的生活，那么灵魂就会耽于肉欲，令其生命总是徘徊在有形的世界，为肉欲所紧紧控制。以至于死亡来临的时候，灵魂仍然深受这个世界的困扰而不愿意离开。当那个时候，灵魂就会被专门管教它的精灵暴力带走。在那个时候，灵魂就会吃尽苦头。并且在灵魂被带走之后，它会到达那些不洁净的灵魂的聚集之所。这些灵魂都是邪恶的，它们彼此也不相往来，而独自彷徨于困境之中，承受极度的痛苦。

邪恶灵魂所受的苦还不致如此。当那些邪恶的亡者的灵魂被引导到冥河时，这是一个荒芜可怕的地方，水色深蓝，水中有着可怕的力量，那些邪恶的亡灵首先会依据他在世的时候是否善良虔诚而受到审判。那些被判定为生前不善不恶的，就会前往阿克戎，搭乘为它们准备好的船只到阿克儒夏湖，它们要在那里涤除罪过，并且先要取得那些被它们所害之人的宽恕。如果那些苦主不宽恕它们，就要在两条凶险万分的河流之间不断来回摇行，直到苦主宽恕它们为止。至于那些十恶不赦的灵魂，它们就永远不得翻身。

良善的灵魂却非如此。"至于那些被判定为终生虔诚的人，则从地下的这些区域释放，犹如出狱，上升到洁净的居所，住在大地的上面。还有那些曾经用爱智的哲理把自己清洗得干干净净的人，从此以后就完全脱离肉体，过着纯粹的生活，进入更加美丽的居所。"（《斐洞篇》114b‐c）苏格拉底说，如果我们知道往生之事，我们就该知道此生应过什么样的生活，就是要全力以赴地在生活中寻求美德和智慧，因为那时就有巨大的荣耀的奖赏，用《圣经》的话就是，"从此以后，有公义的冠冕为我存留，就是按着公义审判的主到了那日要赐给我的。不但赐给我，也赐给凡爱慕他显现的人"（《提摩太后书》4：8）。在这里，古希腊的苏格拉底和希伯来的保罗是相通的，古希腊哲学的精神和希伯来及基督信仰的精神是一体的。

这就是苏格拉底所说的"哲学的咒语"。由于人们生活在世俗的世界，总无法忘情世俗之事，任由灵魂沉沦，因此需要不断念诵"哲学的咒语"，令灵魂苏醒。苏格拉底是一个只要他活着就时时刻刻为雅典人念哲学咒语的先知。他每天都在为雅典人念咒语，要直到把雅典人心头对于死亡的恐惧咒掉为止。哲学的咒语在于要让雅典人害怕邪恶胜过害怕死亡，逃离邪恶胜过逃离死亡，苏格拉底说也要记得常常给自己念咒语来激励自己。"也正是因为这个原故，一个人应当为自己的灵魂打气，在生活中拒绝肉体的快乐和奢华，以为这是身外之物，对自己有害无利，而一心追求知识的快乐，不用外在的饰物打扮自己的灵魂，只用它自己固有的东西来装点它，如明智、公正、勇敢、自由、真实之类，等待着离开今生前往另一世界。准备在命运见召时就去。"（《裴洞篇》114d－e）人们时刻要为来生做好准备。这是神给予世人最大的神谕。神给予世人最大的神谕，就是等待命运的呼召：

> 辛弥亚和格贝啊，你们以后也会去的，各在各的时间；我现在已经准备好了。正像悲剧作家所说的那样，受到命运的召唤。（《裴洞篇》115a）

然而雅典人决意要杀死这念着"哲学的咒语"的苏格拉底，因为他令他们烦躁不安，令他们无法宁静。他们宁愿他们的灵魂安逸于世俗的享乐，也不愿意听到先知的旷野呼告。

现在，分别的时间到了。

苏格拉底的妻子格桑底贝和他三个儿子进来道别。格黎东向苏格拉底请教应该如何照顾他的家人，朋友们应该如何打理他身后之事。苏格拉底说："格黎东啊，就是我一直说的那些话，没有新的。

你们关心自己就是照顾我和我的家属以及你们自己了，怎么做都行，不一定要现在许愿；如果你们不关心自己，不愿意照我们现在和过去讨论的道路一步一步前进，那就会一事无成，现在不管怎么样诚恳许愿都没有用。"（《裴洞篇》115b－c）关心自己灵魂的人，"爱"自然持续，因为真理在他们心中。

柏拉图生动地记载了苏格拉底辞世的最后场景。

苏格拉底在服刑饮毒酒前，进到另一个房间沐浴更衣。朋友们彼此交谈，仿佛巨大的不幸不是临到苏格拉底头上，而是临到苏格拉底的朋友们头上。他们将失去仿佛他们父亲般的苏格拉底，他们的余生仿佛要成为孤儿。苏格拉底沐浴后，典狱官的仆人也进来向苏格拉底道别，他泣不成声，称苏格拉底是那些在狱"囚犯"之中最高尚、最和气、最善良的人。这时格黎东对苏格拉底说话，让他不要现在就服毒酒，因为照着规定，服刑须在太阳落山之时。"可是我想，苏格拉底啊，太阳还在山上，还没落呢；我知道别的人都很晚才服毒，在命令已经下达之后，还大吃大喝，有的还跟所爱的人盘桓。你别忙，还有时间哪。"（《裴洞篇》116d－e）蝼蚁尚且偷生，何况人乎？

苏格拉底认为这是可笑的。思想是永远常在的生命，肉体只是分秒的滴答之声。他向那典狱官的仆人要来毒酒。那仆人告诉他服毒的方法以及该如何让毒性发作会更妥当些。苏格拉底从杯中倒出一点酒奠神，并向神灵祷祝祈求去得顺利，然后爽快地一饮而尽。强忍悲痛的朋友们在目击他的举止之后，再也沉不住气了，泪如泉涌。阿波罗多若开始时还只是啜泣，这时悲痛得放声大哭。苏格拉底责备朋友们的不当举止，请他们勇敢平静。管理毒药的人双手放在他身上，捏出他的脚硬了的时候，就让他盖上脸躺下。在毒药冷到大腿根时，苏格拉底揭开他面前的覆盖物，对格黎东说了最后一句话："格黎东啊，我们还欠阿斯格雷彪一只公鸡。还了这个愿，别忘了。"还没有等来格黎东的回答，苏格拉底的双眼就定了。格黎东见状，就伸手合上了苏格拉底的嘴和眼。

这就是苏格拉底的最后时刻！

《裴洞篇》是柏拉图新悲剧的终篇，也是四篇对话中篇幅最长的一篇对话。这篇对话和《欧悌甫戎篇》都谈论到了理念论，它们体现的是柏拉图的思想，虽然也是根据苏格拉底有关事物的本质即定义的思索发展出来的。基于思想的连续性，这本小书不在两者之间做出区隔。

我们叙说的焦点不在柏拉图和苏格拉底思想的分歧上，这本小书聚焦于苏格拉底死前的那次无与伦比的对话之上。一个马上就要离世的人，一个面临绝大多数人都相信死亡使人归于虚无的人，或者面对绝大多数人都相信死亡是令人恐惧的不可知的黑暗的人，却如此自信地主动走向在绝大多数人看来不可战胜的死亡，这是因为苏格拉底深信他灵魂的纯一不杂已经胜过了死亡。死亡在苏格拉底那里不是黑暗和恐怖的语词，死亡在先知的思想中是一种澄明之境。对苏格拉底而言，死亡就是彻底地摆脱了身体的约束，让人进入一个纯然地用思想的眼睛去直观良善的理念世界。死亡，对苏格拉底而言，只是纯然地结束了身体对灵魂的恶的干扰而已。

在这篇对话中，苏格拉底精彩地阐释了许多经典的哲学命题。

这些哲学命题影响着不同世代的人们，并被继续传承，成为不同世代人们心中的光明。

学习就是回忆！

在柏拉图早期对话中，这是苏格拉底哲学的一个非常典型的命题，就是要不断地超出身体的限制，去回忆遗存在灵魂里的先存性知识。这些知识就是灵魂在身体之先存在时所保留下来的各种神性，具体地说指的就是各种理念和知识。苏格拉底认为知识和意见是有分别的。意见是关于感觉世界的认知，它是变化的、模糊的、影子一般的。但是知识则是可知世界的知识，是关于理念的、不变的、可靠的、稳定的、持续的，它能够带领我们走出感觉世界，走出身体这个坟墓。学习就是要不断地回到灵魂的先存性之中，回到知识的探索中，而不是迷离于可感世界和无居不定的身体。

哲学就是主动地赴死！

因着人对于知识的持续探索，人的灵魂就会逐渐地摆脱可感世界的种种表象，不随着这世间的意见随波而动，而是培养起美好的德性。其中有一种德性被称为净化，它能够涤除遮盖在灵魂之上的身体的附属物和有形体事物，使眼睛变瞎了的灵魂得以重见光明。那变瞎了眼睛的灵魂指的是关闭了凝视理念世界眼睛的灵魂，这样的灵魂的眼中只看见可感事物。在这种状态中，眼睛里就只有世界的影子，它看不见这世界的理念，它的眼中没有理念，它就是逐影而去的盲人。这样的人，就如同生活在猪的城邦，因为猪的眼中只有可朽坏的食粮，而没有永久的美善。学习哲学，则是学习如何让自己的灵魂在感觉世界面前死亡，也就是无感于感觉世界，恢复灵魂对于理智世界的认知。因此，学习哲学，就是学习向着感觉世界的死去。就此而言，哲学就是主动地赴死，而这意味着灵魂的重新兴盛。那时，灵魂将从身体的束缚中分离出来。哲学的灵魂将能够痛快地脱去身体的属性，不正义的灵魂则将承受无数的痛苦。

身体就是灵魂的坟墓！

苏格拉底的思想有着二元论的方面。古希腊哲学家认为人是灵魂和身体的复合，尤其是苏格拉底和柏拉图以及深受这一传统影响的哲学家们，他们都是持这样的观点。原初的灵魂本是纯一不杂的，它先在地存在，来自宇宙太初的原理。然而在它坠入身体之中时，由于身体是像坟墓这样的包裹物，坠入身体的灵魂就必须适应黑暗，于是眼睛也逐渐失去光芒，灵魂的眼睛失去了它原先的视力，并且它逐渐地成为黑暗的一部分，而不愿意看见光明。人们的此生，更多地是让灵魂适应于身体的属性，而身体的属性都是易变的、生灭的、必死的、分解的，很少让身体带上灵魂光明的眼睛，导致身体成为埋葬灵魂的坟地。

为了阻止灵魂失去光芒，要时时念诵哲学的咒语！

要时时念诵哲学的咒语。哲学的咒语是针对身体的咒语，提醒人们身体对于灵魂的妨碍。因着不断提醒身体所产生的对于灵魂的负面作用，灵魂就警醒于世界的陷阱。这正是苏格拉底的使命，也是苏格拉底认为他所承受的神谕。苏格拉底不断要对他自己念哲学的咒语，而且要对雅典人念哲学的咒语。这咒语是要达到治疗灵魂的目的。哲学的咒语的目的就是治疗，让灵魂重新回归正义的秩序，让心灵重沐理性的光辉。

　　苏格拉底把自己的赴死比作天鹅的绝唱。他谈到许多鸟类在死亡时，它们通常都不歌唱。但是天鹅这平时并不歌唱的鸟，在生命将终了的时刻，却唱得非常嘹亮。苏格拉底说人们对于天鹅的绝唱会产生错误的看法，认为它们是在悲歌，因为它们行将告别人世。人们从他们自己的经验出发，总以为死亡是件悲惨的事情。然而苏格拉底说，这完全曲解了天鹅，因为在悲哀中的鸟是不会歌唱的。天鹅之所以歌唱，是因为它们在欢歌，因为它们就要回到神的身边。哲学家之死亦是如此，真正的哲学家在死亡面前，他的所言所谈绝非悲歌，因为他不仅把光明留在世上，而且他自己也要去见真光了；先知之死也是如此，先知在死亡面前只是祈求神不离开他们，而他们要回到差遣他们的神那里了。哲学家先知苏格拉底已经完成了在这个世界里传言神谕的使命，他要回到光明灿烂的来处，因为他的灵魂要在完全正义的秩序里面，回归到永恒之境。先知苏格拉底生前有关灵魂不朽的谈话，有关生死的这篇乐章，正是这样的光明，为世代的人们不断阅读、思想和铭记，并启发着黑暗里面的人们的光明之行。

不管怎么说，愿大家相信我如下的忠言：灵魂是不死的，它能忍受一切恶和善。让我们永远坚持走向上的路，追求正义和智慧。这样我们才可以得到我们自己的和神的爱，无论是今世活在这里还是在我们死后得到报酬的时候。我们也才可以诸事顺遂，无论今世在这里还是将来在我们刚才所描述的那一千年的旅程中。

——柏拉图《理想国》621c‐d

亲爱的兄弟啊，我愿你凡事兴盛，身体健壮，正如你的灵魂兴盛一样。有弟兄来证明你心里存的真理，正如你按真理而行，我就甚喜乐。我听见我的儿女们按真理而行，我的喜乐就没有比这个大的。

——《约翰三书》第2‐4节

未尽之语

苏格拉底殉道后不久，雅典人果然后悔了。

据第欧根尼·拉尔修《名哲言行录》的"苏格拉底传"记载，在苏格拉底离开人间后不久，雅典人就懊悔了。他们给苏格拉底立了一尊纪念铜像，这是雕塑家吕西波之作，立在雅典的大典堂。他们还处死了指控苏格拉底的原告梅雷多。另外一个原告安虞多虽然逃到了赫拉格雷阿，也不见容于当地人，被从那里驱逐出去，成为浪迹天涯之徒。苏格拉底的好友、古希腊三大悲剧作家之一的欧里庇德斯，他与苏格拉底据说同是哲学家阿那克萨戈拉的学生，在《巴拉美德》的剧本中，谴责雅典人：

> 你们杀了，你们杀了那位最智慧的、无罪的缪斯夜莺。①

---

① 《柏拉图对话集》，第609页。

世间再无苏格拉底!

第欧根尼·拉尔修还记载说雅典人做过数起这样让他们追悔莫及之事。然而这又何止是雅典人的德性,岂不也正是我们世人的本性?我们今天的读者也用不着嘲笑雅典人的愚蠢、自负和傲慢,我们世人岂不也是如此?人都是自负的,自负就是超过了自信的自信。人都是容易被激怒的,被激怒的人不是因为他们不够自信,被激怒的人是因为他们的自信无视理性,正如亚里士多德说勇敢的人不愤怒,因为愤怒不是勇敢的要素。人都是关心他们自己的感受的,但是他们经常是过度地关心自己的感受,这就让他们没有智慧。人都是身处在情欲之中的,但是人的情欲经常性地远离理性。人也都是没有办法免于愚昧的,但是人最愚昧的地方在于他们不省思他们自身的愚昧。人当然也是智慧的,但是他们常以为自己最有智慧,这就显出了他们的愚蠢。

唯其如此,这个世界总有这样的人,他们自称受神差遣而为人类的先知,奔走在人间的旷野,向人们呼喊真理的声音。人间是真正荒芜的旷野,灵魂里面杂草丛生、兽迹遍地。至少苏格拉底是如此理解他的职责的,他奉神谕受差遣于神灵,向着雅典人宣告人的不智慧、非真理的真实状态。这需要巨大的勇气,因此任何先知都并不是主动地想要成为先知的。苏格拉底也是如此。希伯来文明最具先知性智慧,以色列民族恐怕也是最历患难的民族。《旧约圣经》39卷,先知书占了17卷。在希伯来文明中,先知是被神"呼召"出来的人物,神把未来之事、把要求以色列民悔改之事默示给他们,他们则要向众百姓宣告神的话语,然而少有百姓听得进去先知的声音。苏格拉底自己也是以这样的希伯来精神自认的，他认为他被神谕呼召出来，向雅典人宣告他们的非真理状态。希伯来传统中的先知向以色列民宣告真理，他们是知道真理为何的，就是要遵循律法，归在耶和华上帝面前；苏格拉底则只是向雅典人宣告，雅典人所拥有的智慧并不真的是智慧，他们所拥有的真理也并不真的是真理。苏格拉底向雅典人宣告，他们其实是处在非真理状态，他们的生活是非真理性的存在方式，他们需要透过哲学面向神灵并寻求真智慧，但是苏格拉底不同于希伯来先知，苏格拉底说他也不知道神的智慧，他只知道"自知无知"是神给他的智慧。

由这里，我们可以看到古希腊哲学家先知苏格拉底与希伯来先知传统的差别，这就是克尔恺郭尔所言的，当古希腊先知苏格拉底向雅典人宣告他们的非真理状态时，并非意味着苏格拉底已经握有真理。诚然，苏格拉底某种程度上握有真理，然而他的真理是吊诡的：自知无知。自知无知是真理。但这是就人的方面来说的，这就如同《传道书》所写的，"虚空的虚空，虚空的虚空。凡事都是虚空。人一切的劳碌，就是他在日光之下的劳碌，有什么益处呢？"（1：2-3）但是希伯来文明还道出了真理的另外一面："敬畏耶和华，是智慧的开端。认识至圣者，便是聪明。"（《箴言》9：10）摩西五经已经清楚地给出了有关真理教导的规范，就是遵行上帝的诫命。苏格拉底则没有像希伯来传统的先知那样给出如希伯来文明传统的清晰的真理基石：爱神并遵循神所颁布的律法，唯有耶和华神才是真理之道，要尽心、尽性、尽意爱以色列列祖的神。苏格拉底没有这样明确的真理教导，然而苏格拉底确实又是在等待真理的生活,苏格拉底把这样的生活称为哲学生活。

即使无知于真理本身,苏格拉底终生都在实践先知性的生活方式,他终生都在保持聆听,聆听世人对真理的谈论,更聆听真理给予他的默示。这是苏格拉底之异于许多哲学家之处,也是其哲学先知性的典型特性:聆听并宣告。先知们首先都是聆听者,先知们不是要聆听世上的声音。世上的声音太多也太杂了,世上的声音多是来自世上的,世上事情最大的特性就是因着利益纷扰,并且为着利益各执己见。这利益既可以是具体物质上的,也可以是自己观念上的。先知们则要在这纷扰的声音中、在这喧嚣繁复的观念洞穴的回鸣中,听见神的声音。这是极其困难的,因为真理的声音是微弱的,它常被淹没在地动山摇的人间轰鸣之中。苏格拉底就是这样一个先知,他保持着对神的微弱声音的聆听,并透过他自己的宣告,让神谕成为巨大的无法漠视的呼告,令只想苟活的人恼恨愤怒,以至于雅典人欲置他于死地而痛快。希伯来先知如是,苏格拉底亦如是。苏格拉底的声音仍然在今天的文明中传递,同样是今天文明迫切需要听见的先知之声。我们读柏拉图的作品,经常觉得他作品中的苏格拉底让人反感,因为他的理性推论虽然像是逻辑上成立,但无法付诸日常,那只是因为我们不想在日常生活中实践。我们也很少注意到苏格拉底是一个聆听者,其实柏拉图一直在向我们显示这个特征,他会戏剧性地描述苏格拉底的独处静听。苏格拉底可以在残酷的战场独处,也可以在吵闹不堪的市场自处。苏格拉底强调的理性逻辑,他的辩证法,在与别人对话时制造对话者逻辑推论的困境,正是基于这种强有力的聆听能力。苏格拉底就是这样的一位特殊的哲学家，他透过聆听寻求神谕，也透过聆听告诉别人他们其实无知。苏格拉底是一位聆听的哲学家，因为他是一位先知！

智者始于聆听，先知聆听天语！

苏格拉底没有给出如同希伯来先知那样的确定无疑的神圣之道，也没有给出更多的哲学命题。自知无知、没有经过考查的生活是不值得过的，其实也都算不上是什么确定的哲学结论。这些所谓哲学命题都不是肯定性的命题，它们更主要是一种倡导，过一种反思性的生活。与其他哲学家不同，他们更多宣称了真理，并且握有了真理。柏拉图说正义就是哲学王统治下的城邦秩序，亚里士多德说幸福就是过沉思的生活，康德说道德就是义务。然而苏格拉底这样的先知哲学家，他给出的是开放性的、反思性的哲学劝慰，他把基于"聆听"的先知精神植入人类的基本生活方式中，而普遍的人类存在方式是以"说"和"获取"为目标的。人类生活通常透过"说"，赢得对于他人的话语权，来建立他们的权力感，来支配世界。苏格拉底则向世人显示"听见真理"的谦卑感，谦卑的精神是先知们被神差遣的特性，是真理显示其自身形象的方式。

于我们今天的文明来说，苏格拉底的这种先知性的聆听方式不是过时了，而是更加重要甚至更加急迫。世人理解苏格拉底或许还停留在他的德性论上，或许还会嘲笑他的理性真理观，或许认为他的道理只限于理性推论却无法付之于生活实践，或许还只是满足于津津乐道于他的生活轶事上，甚至尼采也未能免俗。尼采的大多数作品都是在无尽地嘲讽苏格拉底，嘲讽他的道德主义、理性精神，嘲讽他的哲学是用弱者束缚强者，是弱者的智慧。然而尼采错了！

因为尼采根本就不曾有过真正的高贵的"天听"精神。尼采只是以他的骄傲来表达高贵，诚然骄傲是具有高贵的外表的，然而骄傲缺乏高贵的内理。一个活在 20 世纪转折点的尼采无法理解一个活在公元前 5 世纪转折点的哲学家先知苏格拉底。他们同样都活在转折点上，尼采宣称他就是真理，而苏格拉底在等待真理。等待真理的人永远比宣称自己是真理的人更高贵也更真实，因为等待真理的人是离真理最近的，而宣称自己握有真理的人，经常已经入了自我的迷途，他不仅在自欺中入了迷途，而且让人类在迷途之中。

活在公元前 5 世纪的苏格拉底在等待真理，他看见自人类文明开始以来的非真理状态，看见雅典人生活的非真理状态，同样也宣告了后世之人仍然会同样地生活在非真理状态。我们真的与雅典人有别呢？我们今天大多数人的生活仍然是不经考查的，也根本没有想过要过一种经过考查的生活。我们今天大多数人过的都是精心计算的生活，我们以计算代替了考查，我们在生活上的危机不是始于我们对自己的考查，我们今天生活的危机始于更善于、更乐于计算自己也计算别人，我们就在这样的计算中耗尽了生命的年华，却在死期来临的时候，无比窘迫和茫然。

苏格拉底已经被历史上的雅典人判刑毒死了，但是苏格拉底的先知精神长存，他仍然持续地引导人类文明的真理之问，这是"永远之问"，与人类的存留毁灭同在。苏格拉底不是真理，但是如果我们足够真诚的话，面对苏格拉底的时候，就应该如同苏格拉底一样永远面对真理之问。罗马巡抚彼拉多面对耶稣时，满面困惑地问道："真理是什么呢？"（《约翰福音》18：38）我们今天的人也都跟彼拉多差不多，可能还不如彼拉多。彼拉多还会问："真理是什么呢？"今天的我们恐怕都已经想不起要问这样的问题了。今天的人会问什么呢？或许会问：哪里有工作机会？哪里有美食？哪里适合居住？今天的人会问"真理是什么？"这样的问题吗？如果我们不问"真理是什么？"，"真理"就不再是我们的问题了吗？掩耳盗铃罢了！苏格拉底的先知声音不是消失了，而是更急迫地回荡在人类文明的历史长河之中。因为我们那些自以为有意义的生命价值是了无意义的，除非它们的活动根基于真理的意义，而不是根基于生活日用品的需要。若非如此，即使活尽了人生的沧桑和时段，也是了无意义的！

　　可是法官们，你们也一定要抱着希望以乐观的态度来看待死，一定要记住这一条真理：一个好人无论在生时或死后都不会遇到不祥，神灵并不忽视他的幸福。因此，我身上发生的这件事并非出于偶然，我清清楚楚地看到，我现在死掉，摆脱烦恼，是比较好的。就是因为这个缘故，所以神的朕兆并不阻拦我，我也并不埋怨控告我的人和判我有罪的人。然而他们毕竟该受谴责，这并不是着眼于他们控告我、判我有罪，而是因为他们存心害我。不过尽管如此，我还是要向他们提一个请求：等我的两个儿子长大时，公民们，你们如果看出他们重视钱财之类身外之物而轻视德行，就责备他们，像我折磨你们那样给他们折磨；如果他们自以为了不起其实一文不值，就像我斥责你们那样斥责他们，因为他们不关心自己应当做的事，自以为成器其实不成器。如果你们那样做的话，我和我的儿子们就从你们那里得到公正的待遇了。现在我们各走各路的时候到了：我去死，你们去活。这两条路哪一条比较好，谁也不清楚，只有神灵知道。(《申辩篇》41d - 42a)

神灵一定没有漠视苏格拉底的幸福，因为他已经幸福地度过了他的一生，他甚至是幸福地喝下那杯非真理状态的人类毒酒的！

惟愿我们也不要漠视苏格拉底的幸福！不要漠视真理的幸福！

图书在版编目（CIP）数据

苏格拉底的法庭/章雪富著 . -- 北京：中国人民
大学出版社，2023.6
ISBN 978-7-300-31736-6

Ⅰ.①苏… Ⅱ.①章… Ⅲ.①苏格拉底（Socrates 前
469－前 399）－哲学思想－思想评论 Ⅳ.①B502.231

中国国家版本馆 CIP 数据核字（2023）第 099923 号

苏格拉底的法庭

章雪富　著

Sugeladi de Fating

出版发行	中国人民大学出版社				
社　址	北京中关村大街 31 号		邮政编码	100080	
电　话	010 - 62511242（总编室）		010 - 62511770（质管部）		
	010 - 82501766（邮购部）		010 - 62514148（门市部）		
	010 - 62515195（发行公司）		010 - 62515275（盗版举报）		
网　址	http://www.crup.com.cn				
经　销	新华书店				
印　刷	涿州市星河印刷有限公司				
开　本	890 mm×1240 mm　1/32		版　次	2023 年 6 月第 1 版	
印　张	5.375 插页 4		印　次	2024 年 10 月第 2 次印刷	
字　数	112 000		定　价	58.00 元